O Princípio da Isonomia
E O CONFLITO ENTRE SENTENÇAS COLETIVAS E INDIVIDUAIS

S396p Schütz, Vanessa Casarin
   O princípio da isonomia e o conflito entre sentenças coletivas e individuais / Vanessa Casarin Schütz. – Porto Alegre: Livraria do Advogado Editora, 2009.
   133 p.; 23 cm.
   ISBN 978-85-7348-592-9

   1. Processo civil. 2. Isonomia constitucional. 3. Decisão judicial I. Título.

CDU – 347.9

Índices para catálogo sistemático:
Isonomia constitucional   342.7
Processo civil   347.9
Decisão judicial   347.95

(Bibliotecária responsável: Marta Roberto, CRB-10/652)

Vanessa Casarin Schütz

O Princípio da Isonomia
E O CONFLITO ENTRE SENTENÇAS COLETIVAS E INDIVIDUAIS

livraria
DO ADVOGADO
editora

Porto Alegre, 2009

© Vanessa Casarin Schütz, 2009

Capa, projeto gráfico e diagramação
Livraria do Advogado Editora

Revisão
Rosane Marques Borba

Direitos desta edição reservados por
Livraria do Advogado Editora Ltda.
Rua Riachuelo, 1338
90010-273 Porto Alegre RS
Fone/fax: 0800-51-7522
editora@livrariadoadvogado.com.br
www.doadvogado.com.br

Impresso no Brasil / Printed in Brazil

Aos meus pais e à minha irmã.

Agradecimentos

Primeiramente, tenho que agradecer aos meus pais, por terem acreditado e investido em mim, durante todos esses anos. Por terem estado sempre do meu lado, mesmo quando eu não tinha "tempo" para estar do seu. Da mesma forma, agradeço à minha irmã pelo constante incentivo na produção deste trabalho. Obrigada pelo amor de vocês, com que retribuo, dedicando-lhes este trabalho.

Agradeço às minhas amigas, Renata Pacheco, Cris, Dani Ribeiro, Cris Hugo, Claudinha, Dani Dannenhauer, Carla, Gabizinha, Carol Abreu, Guguia, Tanise, Samanta, Vivian Rigo, Karine Demoliner, Pati, ao meu amigo Alexandre Curvello e, principalmente, à minha amiga e sócia Cibele Gralha Mateus, pois qualquer palavra que eu escreva pode não conseguir expressar toda a admiração, carinho, e gratidão.

Ao pessoal da Secretaria da Pós-Graduação.

À Nerci D`Ávila, pela dedicada correção do português deste trabalho, mesmo que de apenas parte dele, em função do curto tempo que disponibilizei.

Ao Prof. Dr. Sérgio Gilberto Porto, por ter, prontamente, disponibilizado cópia de sua tese de Doutorado, na qual foi aprovado com Louvor.

Ao meu orientador, Prof. Dr. José Maria Rosa Tesheiner, a quem devo um agradecimento muito especial: por ter acreditado em mim, por ter disponibilizado seu tempo sempre que por mim solicitado, além das constantes palavras sempre incentivadoras à pesquisa jurídica – o que o torna um Professor digno dessa qualificação!

À CAPES pelo patrocínio do curso de Mestrado.

Obrigado, também, a todos os outros que, de alguma forma, participaram da elaboração deste trabalho.

"Luta. O teu dever é lutar pelo Direito, mas no dia em que encontres um conflito entre o Direito e a Justiça, luta pela Justiça".

Eduardo Couture

Prefácio

O sentimento de justiça é fortemente ligado à idéia de tratamento igual de situações iguais. A mulher que simboliza a justiça tem os olhos vendados exatamente para significar que não faz distinção entre pessoas.

Por isso mesmo, o instituto da coisa julgada causa perplexidade aos que se iniciam no estudo do processo, porque limitada esta às partes às quais é dada a sentença. Quebra-se o princípio da isonomia, consagrado constitucionalmente, deferindo-se a um o benefício negado a outro, não porque as *situações* sejam desiguais, mas porque as *pessoas* não são as mesmas.

Pode assim ocorrer (e ocorre) que se conceda, por sentença, adicional de insalubridade a um servidor público, em função do local de trabalho, e se o negue a outro, que moreja no mesmo local; que se declare isenta de imposto determinada operação de circulação de mercadorias e a incidência do tributo em outra operação, idêntica, não porque haja diferença de situações, mas porque se trata de empresas diversas, que não tiveram igual sorte, ao litigar com o Poder Público.

Há casos extremos em que o mesmo órgão judiciário, na mesma sessão, outorga a um o que nega a outro, em situações em tudo idênticas, porque variou a composição do órgão, ou até mesmo porque o mesmo juiz acolheu projetos de voto elaborados por diferentes assessores.

Se a sentença transita em julgado, não há mais o que fazer, sobretudo se já decorreu o biênio para a propositura de ação rescisória.

O problema é até certo ponto insolúvel, porque se trata de conciliar necessidades contrastantes, quase contraditórias: a de tratamento igual e a de julgamento individual de cada caso.

Uma solução hoje possível é a da propositura de ação coletiva. Todavia, nossa legislação, fiel ao individualismo que (talvez felizmente) ainda impregna o sistema processual brasileiro, assegura o ajuizamento de ações individuais, ainda que pendente ação coletiva. Mais ainda: a sentença proferida na ação coletiva pode *beneficiar*, mas não *prejudicar* as ações individuais, de sorte que

pode ser negado o direito de todos, exceto o dos vencedores em ações individuais, ou vice-versa, reconhecido o direito de todos, exceto os dos que individualmente sucumbiram.

Eis aí o tema enfrentado por Vanessa Schütz, neste livro, ora submetido à consideração do leitor. A solução por ela apresentada é declaradamente incompleta, não abrangendo todas as hipóteses de quebra, por sentença, do princípio da isonomia, mas abre perspectivas para futuros desdobramentos, legislativos e doutrinários.

José Maria Rosa Tesheiner
Desembargador aposentado do TJRS
Professor de Processo Civil na PUC-RS

Sumário

Introdução 15
1. Servidor público e regime estatutário 17
   1.1. Administração pública 17
   1.2. Agentes públicos e servidores públicos estatutários 21
2. Princípios e regras 35
   2.1. Princípios e regras 35
   2.2. Princípios correlatos à administração pública e ao
       servidor público estatutário 41
       2.2.1. Legalidade 41
       2.2.2. Isonomia 48
3. Interpretação do direito, decisão judicial e o princípio da isonomia 57
   3.1. Interpretação e normas jurídicas 57
   3.2. Interpretação e decisões judiciais 67
**4. Ações com trânsito em julgado: coisa julgada nas ações individual e coletiva.
Quebra do princípio da isonomia** 75
   4.1. Coisa julgada 75
       4.1.1. Coisa julgada na ação individual 76
       4.1.2. Coisa julgada na ação coletiva 81
           4.1.2.1. Direitos difusos 83
           4.1.2.2. Direitos coletivos *stricto sensu* 83
           4.1.2.3. Direitos individuais homogêneos 86
   4.2. Particularidades da coisa julgada na ação coletiva 87
**5. Ação individual improcedente *versus* ação coletiva procedente:
extensão do direito por aplicação do princípio da isonomia** 95
   5.1. Isonomia *versus* coisa julgada 95
   5.2. Isonomia e interpretação judicial 109
   5.3. Isonomia e administração pública 112
   5.4. Isonomia e ação coletiva 116
**6. Tratamento do tema pelo Anteprojeto do Código Brasileiro de
Processos Coletivos** 121
7. Considerações finais 127
Referências 129

Introdução

O presente trabalho trata de um problema que vem ocorrendo na prática judiciária, qual seja, a divergência entre decisões judiciais em matéria de servidores públicos estatutários. Mais especificamente, o enfoque é dado em relação à divergência entre uma ação individual julgada improcedente e uma ação coletiva procedente. O reconhecimento do direito da categoria em ação coletiva, cuja decisão implica efeitos amplos na medida em que visa a beneficiar a todos os integrantes uniformemente, acaba por tornar aquele indivíduo, que propôs individualmente sua ação, um "excluído", um injustiçado ao ser tratado, neste ponto, de forma desigual.

Essa situação, "tolerada" pelo sistema, em respeito à decisão proferida na ação individual que formou coisa julgada, afeta tanto o jurisdicionado, que deixou de receber idêntico tratamento dado à categoria, quanto o próprio sistema judiciário. Este é afetado porque milhares de ações são individualmente propostas por servidores públicos estatutários pleiteando direito que é afeto a toda a categoria. Esse sistema ocasiona demora na prestação jurisdicional, já que são feitos considerados "repetitivos". Importante ater-se ao fato de que ações coletivas, desde que com tais direitos corretamente postulados, poderiam evitar esse problema. Além disso, com a improcedência de ações individuais e procedência de outras (e aqui se pode exemplificar com ações individuais e coletivas), acabam por buscar, aqueles mesmos servidores públicos estatutários, *novamente* o Poder Judiciário, objetivando isonomia de tratamento, com o ajuizamento de *novas ações*, obstruindo, ainda mais, o fluxo judiciário.

Do quadro apresentado surgem alguns questionamentos, expostos a seguir. Se o servidor público estatutário possui vínculo jurídico firmado com a Administração Pública, estando a atividade, direitos e deveres previstos em lei, em razão do princípio da legalidade, será admissível, à luz da Constituição Federal, tratamento diferenciado a indivíduos que se submetem a esse vínculo, em decorrência de interpretações diferentes por parte dos Tribunais? Será que a preponderância da decisão que reconheceu o direito à categoria dos servidores públicos estatutários numa ação coletiva não seria uma alternativa viável para alcançar a igualdade de tratamento?

Na busca de respostas a tais perguntas, a pesquisa percorre áreas do direito administrativo, para enfocar o servidor público estatutário dentro do sistema da Administração Pública e o tipo de regime jurídico a que se submete, áreas do direito constitucional, para demonstrar a composição do sistema jurídico, com enfoque nos princípios e na resolução de seus conflitos e, por fim, áreas do direito processual civil individual e coletivo, com aprofundamento no instituto da coisa julgada.

O objetivo deste trabalho é apresentar um problema atual que se verifica a partir da divergência de interpretações da lei estatutária, quando o direito posto em causa exige tratamento igualitário. Ressalte-se que este trabalho se limita à análise da divergência entre ação individual improcedente *versus* ação coletiva procedente, uma vez que é justamente este conflito que ressalta a necessidade da mudança de pensamento por parte dos operadores do direito de um processo menos individualista para um mais coletivista. Desta forma, os direitos da categoria dos servidores públicos estatutários restariam igualmente assegurados, conformando-se perfeitamente o resultado da aplicação da lei com a Constituição Federal.

Espera-se, a partir deste estudo, poder contribuir para a melhoria do sistema processual civil, tanto em face do jurisdicionado, quanto em face do aparelho judiciário, sem olvidar a harmonia destas idéias com os valores e normas constitucionais.

1. Servidor público e regime estatutário

Nesse ponto, serão expostos conceitos acerca da Administração Pública e do servidor público estatutário, os quais são imprescindíveis para a compreensão da problemática do presente trabalho.

1.1. Administração pública

A Administração Pública divide-se em: Direta, quando o Estado é o prestador e o executor dos serviços públicos de sua competência,[1] e Indireta, quando o Estado transfere a outras entidades tal execução e/ou a própria titularidade do interesse público.[2]

A União, os Estados, o Distrito Federal e os Municípios são entes federados do Estado,[3] compondo a organização político-admi-

---

[1] ARAÚJO, Edmir Netto de. *Curso de Direito Administrativo*. São Paulo: Saraiva, 2005, p. 150.

[2] Conforme divisão prevista no art. 4º do Decreto-Lei 200/67, o qual dispõe sobre a organização da Administração Federal, estabelece diretrizes para a Reforma Administrativa, além de outras providências.

[3] "O Estado é uma instituição juspolítica que *concentra poder* e o exerce sobre pessoas e bens em seu território e onde alcance sua ordem jurídica, para realizar sua destinação". Ele exerce suas funções de criar o direito (função legislativa), de realizar o direito (função administrativa), e de solucionar o conflito decorrente da contestação do direito (função jurisdicional) a partir da distribuição em seus três Poderes: Legislativo, Executivo e Judiciário, respectivamente. MOREIRA NETO, Diogo de Figueiredo. *Curso de Direito Administrativo*: parte introdutória, parte geral e parte especial. Rio de Janeiro: Forense, 2005, p. 21-22. Percebe-se que tais Poderes do Estado executam suas funções por meio das pessoas físicas que integram sua estrutura, que são os agentes públicos, cujo conceito será dado no tópico seguinte.

nistrativa da República Federativa do Brasil – art. 18 da Constituição Federal[4] –, mantendo cada ente federativo a sua respectiva autonomia em relação aos demais, limitada aquela a sua esfera de competência. Ainda, constituem-se as pessoas jurídicas de direito público interno, segundo os incisos I, II, III do art. 41 do Código Civil.[5]

As autarquias, fundações públicas,[6] empresas públicas e sociedades de economia mista, que, segundo versa a Constituição Federal, art. 37, incisos XIX,[7] somente podem ser criadas ou ter autorização para sua criação mediante lei específica, estão conceituadas no art. 5º do Decreto-Lei 200/67, o qual dispõe acerca da organização da Administração Federal.

A autarquia está conceituada da seguinte forma:

> I – Autarquia – o serviço autônomo, criado por lei, com personalidade jurídica, patrimônio e receita próprios, para executar atividades típicas da Administração Pública, que requeiram, para seu melhor funcionamento, gestão administrativa e financeira descentralizada.

Para Celso Antonio Bandeira de Mello, essa redação caracteriza a autarquia com grande infelicidade. Não permite ao intérprete identificar quando a figura é legalmente instaurada. O traço importante é referir que a *personalidade jurídica é de Direito Público* e exatamente por serem pessoas de Direito Público podem ser titulares de interesse público. Esclarece o autor que as autarquias são pessoas jurídicas de direito público, gozam de liberdade administrativa nos limites da lei que as criou, *não são subordinadas* a nenhum órgão do Estado, sendo apenas por ele *controladas*. Constituem-se centros subjetivados de direitos e obrigações distintos do Estado, "seus as-

---

[4] Art. 18. A organização político-administrativa da República Federativa do Brasil compreende a União, os Estados, o Distrito Federal e os Municípios, todos autônomos, nos termos desta Constituição.

[5] Art. 41. São pessoas jurídicas de direito público interno:
I – a União;
II – os Estados, o Distrito Federal e os Territórios;
III – os Municípios;
IV – as autarquias, inclusive as associações públicas;
V – as demais entidades de caráter público criadas por lei.

[6] Deixa-se de tratar aqui acerca da fundação de direito privado, uma vez que não tem natureza jurídica de direito público, não interessando, portanto, conceituá-la.

[7] XIX – somente por lei específica poderá ser criada autarquia e autorizada a instituição de empresa pública, de sociedade de economia mista e de fundação, cabendo à lei complementar, neste último caso, definir as áreas de sua atuação;

suntos são assuntos próprios; seus negócios, negócios próprios; seus recursos, não importa se oriundos de trespasse estatal ou hauridos como produto da atividade que lhes seja afeta, configuram recursos e patrimônios próprios".[8]

Segundo o inciso IV do art. 41 do Código Civil,[9] as autarquias são pessoas jurídicas de direito público interno. Apesar de autônomas, não possuem poder legiferante[10] e, ainda, por não deverem ser confundidas com as *pessoas políticas*, podem ser denominadas *pessoas administrativas*.[11]

A empresa pública e a sociedade de economia mista vêm assim conceituadas no art. 5º do Decreto-Lei 200/67:

> II – Empresa Pública – a entidade dotada de personalidade jurídica de direito privado, com patrimônio próprio e capital exclusivo da União, criado por lei para a exploração de atividade econômica que o Governo seja levado a exercer por força de contingência ou de conveniência administrativa podendo revestir-se de qualquer das formas admitidas em direito.
>
> III – Sociedade de Economia Mista – a entidade dotada de personalidade jurídica de direito privado, criada por lei para a exploração de atividade econômica, sob a forma de sociedade anônima, cujas ações com direito a voto pertençam em sua maioria à União ou a entidade da Administração Indireta.

Deixa-se de adentrar pormenores relativamente a essas entidades, mesmo que componham a Administração Indireta,[12] uma vez que, por não possuírem natureza jurídica de direito público, mas sim de direito privado, fogem ao interesse do presente trabalho. Ademais, o regime jurídico a ser aplicado por essas entidades é o celetista (regido pela Consolidação das Leis do Trabalho – CLT) – art.

---

[8] MELLO, Celso Antonio Bandeira de. *Curso de direito administrativo*. 20 ed. rev. e atual. até a Emenda Constitucional 48, de 10.8.2005. São Paulo: Malheiros, 2006, p. 145.

[9] Art. 41. São pessoas jurídicas de direito público interno:
(...) IV – as autarquias, inclusive as associações públicas;

[10] No sentido de *lei* proveniente do Poder Legislativo.

[11] Sugestão de ARAÚJO, Edmir Netto de. *Curso de Direito Administrativo*. São Paulo: Saraiva, 2005, p. 165.

[12] Em sentido contrário, entendendo que as empresas públicas, as sociedades de economia (além da fundação privada), denominadas *entidades governamentais* por explorarem uma atividade econômica, não integram a Administração Indireta, GASPARINI, Diógenes. *Direito Administrativo*. 11 ed. rev. e atual. São Paulo: Saraiva, 2006, p. 310.

173, § 1º, inciso I, da Constituição Federal,[13] e não estatutário – que ora se pretende aprofundar.

A Fundação Pública vem descrita nos seguintes termos:

> IV – Fundação Pública – a entidade dotada de personalidade jurídica de direito privado, sem fins lucrativos, criada em virtude de autorização legislativa, para o desenvolvimento de atividades que não exijam execução por órgãos ou entidades de direito público, com autonomia administrativa, patrimônio próprio gerido pelos respectivos órgãos de direção, e funcionamento custeado por recursos da União e de outras fontes.

Celso Antonio Bandeira de Mello criticou a redação da legislação, enfatizando que não se trata de entidade regulada pelo direito privado, mas sim pelo direito público:

> Saber-se se uma pessoa criada pelo Estado é de Direito Privado ou de Direito Público é meramente uma questão de examinar o regime jurídico estabelecido na lei que a criou. Se lhe *atribui a titularidade de poderes públicos*, e não meramente o exercício deles, e disciplinou-a de maneira a que suas relações sejam regidas pelo Direito Público, a pessoa será de Direito Público, ainda que se lhe atribua outra qualificação[14] (grifo meu).

E conclui o autor que as fundações públicas, em verdade, são autarquias,[15] seguindo o mesmo regime jurídico dessas, uma vez que foram a elas equiparadas pela Constituição Federal[16] – art. 37, inciso XIX.[17]

---

[13] § 1º A lei estabelecerá o estatuto jurídico da empresa pública, da sociedade de economia mista e de suas subsidiárias que explorem atividade econômica de produção ou comercialização de bens ou de prestação de serviços, dispondo sobre: (Redação dada pela Emenda Constitucional nº 19, de 1998)
[...]
II – a sujeição ao regime jurídico próprio das empresas privadas, inclusive quanto aos direitos e obrigações civis, comerciais, trabalhistas e tributários; (Incluído pela Emenda Constitucional nº 19, de 1998).
[14] MELLO, Celso A. Bandeira de. *Curso de direito administrativo*. 20 ed. rev. e atual. até a Emenda Constitucional 48, de 10.8.2005. São Paulo: Malheiros, 2006, p. 168.
[15] No mesmo sentido, entendendo que as fundações não se dissociam da idéia de autarquia, sendo o substrato da pessoa jurídica que irá definir se será autarquia fundacional (patrimônio) ou corporativa (pessoas), ARAÚJO, Edmir Netto de. *Curso de Direito Administrativo*. São Paulo: Saraiva, 2005, p. 165 e GASPARINI, Diógenes. *Direito Administrativo*. 11 ed. rev. e atual. São Paulo: Saraiva, 2006, p. 313.
[16] MELLO, Celso A. Bandeira de. *Curso de direito administrativo*. 20 ed. rev. e atual. até a Emenda Constitucional 48, de 10.8.2005. São Paulo: Malheiros, 2006, p. 171.
[17] XIX – somente por lei específica poderá ser criada autarquia e autorizada a instituição de empresa pública, de sociedade de economia mista e de fundação, cabendo à lei complementar, neste último caso, definir as áreas de sua atuação;

Da mesma forma que as autarquias, as fundações públicas são titulares dos interesses públicos e passam a executá-los por meio de seus agentes, de modo a alcançar a finalidade pública para a qual foram instituídas. Como não há subordinação em relação ao Estado, mas apenas vinculação, com ele não se confunde.

Uma vez exposta, ainda que brevemente, a composição da Administração Pública passar-se-á à análise de seus integrantes.

1.2. Agentes públicos e servidores públicos estatutários

A Administração Pública executa suas tarefas por meio de pessoas físicas, as quais integram o corpo da entidade estatal. Justamente em razão dessa integração, quando essas pessoas atuam, manifestam a própria vontade da Administração Pública, já que recebem apenas o dever de desempenhá-la pela existência de um vínculo jurídico. Essas pessoas físicas, são, portanto, os *agentes públicos*.

Segundo Hely Lopes Meirelles, *agentes públicos* são "todas as pessoas físicas incumbidas, definitiva ou transitoriamente, do exercício de alguma função estatal".[18]

Carmem Lúcia Antunes Rocha desenvolve um pouco mais essa idéia, afirmando que a*gente público* "é a pessoa física que, vinculando-se juridicamente a uma pessoa pública, dispõe de competência legalmente estabelecida para o desempenho de função estatal em caráter permanente ou transitório".[19]

Celso Antonio Bandeira de Mello, por sua vez, explica que "quem quer que desempenhe funções de natureza pública é, enquanto as exerce, um agente público".[20] Em obra mais recente, explicita que os agentes públicos são:

---

[18] MEIRELLES, Hely Lopes. *Direito Administrativo Brasileiro*. 25 ed. São Paulo: Malheiros, 2000, p. 69.
[19] ROCHA, Carmem Lúcia Antunes. *Princípios constitucionais dos servidores públicos* São Paulo: Saraiva, 1999, p. 59.
[20] MELLO, Celso Antonio Bandeira de. *Apontamentos sobre os agentes e órgãos públicos*. São Paulo: Revista dos Tribunais, 1972, p. 3.

[...] ainda que alguns deles apenas episodicamente, agentes que exprimem manifestação estatal, munidos de uma qualidade que só podem possuir porque o Estado lhes emprestou sua força jurídica e os habilitou a assim agirem ou, quando menos, tem que reconhecer como estatal o uso que hajam feito de certos poderes.[21]

Outros, no mesmo sentido, explicam que agente público "ou Pessoal Público é a pessoa física que exercite, sob qualquer regime jurídico, atividades estatais (funções do Estado)".[22]

Diógenes Gasparini considera que agentes públicos são "todas as pessoas físicas que sob qualquer liame jurídico e algumas vezes sem ele prestam serviços à Administração Pública ou realizam atividades que estão sob sua responsabilidade".[23]

As conceituações apresentadas de agentes públicos demonstram a necessidade do vínculo jurídico com a Administração Pública, em respeito ao princípio da legalidade,[24] bem como demonstram a amplitude de tal conceito. Essa concepção foi seguida pela legislação para fins de responsabilização civil, penal e administrativa.

A Lei 4.898/65, que regula o direito de representação e o processo de responsabilidade administrativa civil e penal, nos casos de abuso de autoridade, dispõe, no art. 5º, que "Considera-se autoridade, para os efeitos desta lei, quem exerce cargo, emprego ou função pública, de natureza civil, ou militar, ainda que transitoriamente e sem remuneração".

O Código Penal, no art. 327, tipifica *funcionário público*: "Considera-se funcionário público, para os efeitos penais, quem, embora transitoriamente ou sem remuneração, exerce cargo, emprego ou função pública". Em verdade, trata-se do conceito de agente público para fins de responsabilização penal.

---

[21] MELLO, Celso A. Bandeira de. *Curso de direito administrativo*. 20 ed. rev. e atual. até a Emenda Constitucional 48, de 10.8.2005. São Paulo: Malheiros, 2006, p. 227.

[22] MARTINS DOS ANJOS, Luís Henrique. Elementos para uma Nova Categorização dos Agentes Públicos Brasileiros em Face do Estado de Direito Democrático. In: OSÓRIO, Fábio Medina; SOUTO, Marcos Juruena Villela (Coord.). *Direito Administrativo:* estudos em homenagem a Diogo de Figueiredo Moreira Neto. Rio de Janeiro: Lumen Juris, 2006, p. 657-670.

[23] GASPARINI, Diógenes. *Direito Administrativo*. 11 ed. rev. e atual. São Paulo: Saraiva, 2006, p. 139.

[24] O princípio da legalidade será desenvolvido no ponto 2.2.2.

A Lei de Improbidade Administrativa – Lei 8.429/92 – conceitua, em seu art. 2°, de forma mais específica agente público, já que objetiva identificar os agentes públicos como responsáveis por condutas proibidas por lei, a fim de sancioná-los.

> Art. 2° Reputa-se agente público, para os efeitos desta lei, todo aquele que exerce, ainda que transitoriamente ou sem remuneração, por eleição, nomeação, designação, contratação ou qualquer outra forma de investidura ou vínculo, mandato, cargo, emprego ou função nas entidades mencionadas no artigo anterior.

Quanto ao *gênero* agentes públicos, a doutrina diverge acerca das espécies que dali se extraem, uma vez que se pode observar a natureza da função a ser desempenhada, o tipo de vínculo jurídico, direitos e deveres, entre outros. Enfim, a depender do autor consultado, é possível encontrar-se diversas formas de classificação.

Celso Antonio Bandeira de Mello apresenta a seguinte classificação, a qual suporta, ainda, ulterior subdivisão: a) *agentes políticos*; b) *servidores estatais, abrangendo servidores públicos e servidores das pessoas governamentais de Direito Privado* e c) *particulares em atuação colaboradora com o Poder Público.*[25] [26]

Marçal Justen Filho apresenta sua classificação conforme o vínculo jurídico a ser estabelecido com a Administração Pública, ou seja, caso a relação jurídica firmada seja regida pelas normas do direito público ou do direito privado.[27]

Luís Henrique Martins dos Anjos propôs, considerando os regimes jurídicos permitidos pela Constituição Federal, uma categorização dos agentes públicos a partir do tipo de regime jurídico a ser estabelecido: pessoal estatutário do Estado, pessoal contratado pelo Estado e pessoal particular em colaboração com o Estado. Dentro da categoria de *pessoal estatutário do Estado*, têm-se as seguintes subes-

---

[25] MELLO, Celso A. Bandeira de. *Curso de direito administrativo.* 20 ed. rev. e atual. até a Emenda Constitucional 48, de 10.8.2005. São Paulo: Malheiros, 2006, p. 229.

[26] Adotando a mesma classificação de Celso Antonio Bandeira de Mello, ARAÚJO, Edmir Netto de. *Curso de Direito Administrativo.* São Paulo: Saraiva, 2005, p. 243. Apenas acrescentando à classificação os militares, dividindo-a, portanto, em 4 categorias. DI PIETRO, Maria Sylvia Zanella. *Direito Administrativo.* 19 ed. São Paulo: Atlas, 2006, p. 499.

[27] Deixa-se aqui de expor toda a classificação do autor em razão de grandes subdivisões, que, ao invés de facilitarem o entendimento, acabarão por confundir ainda mais o leitor. Para melhor compreensão do entendimento do autor. JUSTEN FILHO, Marçal. *Curso de direito administrativo.* São Paulo: Saraiva, 2005, p. 570.

pécies: Agentes Políticos, Agentes Institucionais à Justiça, Militares e *Servidores Públicos stricto sensu*.[28]

Diógenes Gasparini, considerando as disposições constitucionais, faz a seguinte divisão:

> [...] *agentes políticos, agentes temporários, agentes de colaboração, servidores governamentais, servidores públicos e agentes militares*. Os agentes de colaboração compreendem os que: *colaboram por vontade própria, colaboram compulsoriamente, colaboram com concorrência da Administração Pública*. Os servidores públicos desdobram-se em *estatutários e celetistas*. Os militares admitem as seguintes subespécies: *militares federais, estaduais e distritais*. As demais espécies não admitem subdivisão.[29]

Considerando que o presente trabalho tem por objetivo enfocar a problemática dos servidores públicos estatutários, adotar-se-á essa última classificação, eis que considerada de mais fácil compreensão para a identificação dos agentes públicos, bem como pela utilização da nomenclatura conforme as disposições constitucionais.[30]

---

[28] MARTINS DOS ANJOS, Luís Henrique. Elementos para uma Nova Categorização dos Agentes Públicos Brasileiros em Face do Estado de Direito Democrático. In: OSÓRIO, Fábio Medina; SOUTO, Marcos Juruena Villela (Coord.). *Direito Administrativo:* estudos em homenagem a Diogo de Figueiredo Moreira Neto. Rio de Janeiro: Lumen Juris, 2006, p. 657-670.

[29] GASPARINI, Diógenes. *Direito Administrativo*. 11 ed. rev. e atual. São Paulo: Saraiva, 2006, p. 155.

[30] Apenas a título de ilustração, comentar-se-á, brevemente, acerca de cada um dos itens classificados por Diógenes Gasparini:
Os *agentes políticos* são os que ocupam os cargos da estrutura constitucional, como, por exemplo: Presidente da República, Ministros de Estado e Secretários de Estado. Seus direitos e obrigações decorrem da Constituição Federal. Possuem ampla liberdade funcional, já que são os responsáveis pela elaboração da vontade política. Seu vínculo com a Administração Pública é de *natureza política,* e não profissional. São os representantes do povo, eis que a forma de investidura dá-se por mandato eletivo – exceto os Ministros e Secretários de Estado, que são nomeados em comissão para os cargos que ocupam.
Os *agentes temporários* são os que exercem apenas função estatal, sem ocuparem cargo ou emprego público, com vista a suprir necessidade temporária da Administração Pública, conforme prevê o art. 37, inciso IX, da Constituição Federal. A lei a que a Constituição Federal faz referência já foi promulgada: Lei 8.745/93, regulando, assim, os casos para contratação por tempo determinado considerados de interesse público. O vínculo a ser firmado é de *natureza profissional*, e o regime jurídico dependerá do que for escolhido por cada ente federativo no âmbito de sua competência, se celetista ou administrativo especial. Entendendo que o regime jurídico será especial, conforme a lei que cada ente da federação vier a estabelecer, DI PIETRO, Maria Sylvia Zanella. *Direito Administrativo*. 19 ed. São Paulo: Atlas, 2006,

Assim, segundo a classificação de Diógenes Gasparini, *servidores públicos* são todos aqueles que possuem vínculo de natureza *profissional* com as entidades da Administração Pública Direta, autárquica e fundacional pública. Em outras palavras, são as pessoas físicas que prestam o serviço público para o qual estão designadas como membros integrantes dessas entidades titulares dos interesses públicos. Ocupam *cargo ou emprego*, concluindo-se, portanto, que os servidores públicos podem ter regime estatutário ou celetista. São divididos em *estatutários* e *celetistas*, cuja diferenciação dá-se pela distinção do regime jurídico que rege a relação do agente público

---

p. 502. Em sentido contrário, sustentando que somente o regime celetista é possível para esse tipo de contratação, em face da provisoriedade, GASPARINI, Diógenes. *Direito Administrativo*. 11 ed. rev. e atual. São Paulo: Saraiva, 2006, p. 159.

Os *agentes de colaboração* são pessoas físicas que prestam serviço à Administração Pública por vontade própria, por compulsão ou com a concordância da entidade estatal. São agentes públicos que realizam uma função pública, ainda que de forma esporádica. Não ocupam cargo nem emprego público e não integram a Administração Pública. Os por vontade própria são os chamados funcionários de fato, que, no caso de urgência, calamidade pública, assumem a gestão dos negócios públicos, em face da ausência de autoridade pública para tanto. Ex.: prisão em flagrante por qualquer cidadão. Os colaboradores por compulsão são os requisitados, por exemplo: mesários e jurados. Os colaboradores com a concordância da Administração Pública: contratados (concessão, permissão ou autorizatários), delegados de função (tabelião). Recebem conforme previsto no contrato administrativo, segundo GASPARINI, Diógenes. *Direito Administrativo*. 11 ed. rev. e atual. São Paulo: Saraiva, 2006, p. 166-167.

Os *servidores governamentais* são os que trabalham nas empresas de natureza privada, criadas por lei pela Administração Pública Direta em qualquer nível de governo. Ligam-se, em regime de dependência, às chamadas empresas governamentais, que são as sociedades de economia mista, empresas públicas e fundações privada. Por disposição constitucional expressa, art. 173, § 1º, II, o regime jurídico é o celetista, em razão da natureza econômica da atividade prestada. Atente-se para o fato de que a vinculação desses empregados públicos deve observar, concomitantemente, as normas celetistas, as administrativas e as constitucionais, que prescrevem, por exemplo, a obrigatoriedade do concurso público para ingresso. O vínculo formado é de natureza profissional. GASPARINI, Diógenes. *Direito Administrativo*. 11 ed. rev. e atual. São Paulo: Saraiva, 2006, p. 168.

Os *agentes militares*: após a EC 18/98, houve modificação na Seção III do Capítulo VII do Título III, que tratava dos servidores militares – art. 42 da Constituição Federal. Atualmente, essa seção trata *Dos militares dos Estados, do Distrito Federal e dos Territórios*, sem denominá-los servidores públicos. Conclui-se, então, que o agente militar é agente público ou espécie deste, não integrando mais o conceito de servidor público. Com o mesmo entendimento, ROCHA, Carmem Lúcia Antunes. *Princípios constitucionais dos servidores públicos* São Paulo: Saraiva, 1999, p. 62.

com a Administração Pública. Dessa forma, o estatutário é regido por lei específica (estatuto), e o celetista, pela CLT e disposições constitucionais.

A Constituição Federal, nos seus arts. 39 a 41, cuja Seção II trata dos "Servidores Públicos",[31] denota que esse termo comporta um sentido mais específico (*stricto sensu*) e outro mais amplo (*lato sensu*), com o objetivo de, no primeiro, fazer referência mais específica aos ocupantes de cargo público e, no segundo, fazer referência aos ocupantes de cargos e empregos públicos na Administração Pública Direta, autárquica e fundacional pública, como referido nos §§ 12 e 13 da Constituição Federal,[32] respectivamente.

Celso Antonio Bandeira de Mello explica que servidor público é uma designação genérica para englobar, de forma abrangente, "todos aqueles que mantêm vínculos de trabalho *profissional* com as entidades governamentais, *integrados em cargos ou empregos* da União, Estados, Distrito Federal, Municípios, respectivas autarquias e fundações de Direito Público".[33] Já havia enfatizado o autor, em outro momento, que o que caracteriza essa categoria é a *profissionalidade* e a *relação de dependência típica dos que prestam serviços sem caráter de eventualidade.*[34]

Diógenes Gasparini, no mesmo sentido do autor anterior, dispõe, de forma mais detalhada, que:

> [...] os servidores públicos são caracterizados pela *profissionalidade* (prestam serviços à Administração Pública direta, autárquica e fundacional pública como profissionais), pela *dependência do relacionamento* (as entidades a que se vinculam prescrevem seus comportamentos nos mínimos detalhes, não lhes permitindo qualquer autonomia) e pela *perenidade* (não-eventualidade) *da relação de trabalho* que *ajustaram* com as referidas entidades. Não importa, então, o regime, estatutário ou celetista, pelo qual se vinculam à Administração Pública direta, autárquica e fun-

---

[31] Cuja redação foi alterada pela EC 18/98.
[32] § 12 – Além do disposto neste artigo, o regime de previdência dos *servidores públicos titulares de cargo efetivo* observará, no que couber, os requisitos e critérios fixados para o regime geral de previdência social. (grifo meu)
§ 13 – *Ao servidor ocupante*, exclusivamente, de *cargo em comissão* declarado em lei de livre nomeação e exoneração bem como de outro cargo temporário ou de *emprego público*, aplica-se o regime geral de previdência social. (grifo meu)
[33] MELLO, Celso Antonio Bandeira de. *Curso de direito administrativo*. 20 ed. rev. e atual. até a Emenda Constitucional 48, de 10.8.2005. São Paulo: Malheiros, 2006, p. 231.
[34] MELLO, Celso Antonio Bandeira de. *Apontamentos sobre os agentes e órgãos públicos*. São Paulo: Revista dos Tribunais, 1972, p. 8.

dacional pública, se a relação de trabalho é marcada por essas notas. Todos são "servidores públicos".[35]

Conforme Carmem Lúcia Antunes Rocha, servidor público é:

[...] a pessoa física que participa de uma relação jurídica trabalhista de caráter não eventual com uma pessoa estatal, sob regime de direito público ou determinado por princípios de direito administrativo, investindo-se em cargo público de natureza civil.[36]

Hely Lopes Meirelles define os servidores públicos *em sentido estrito*[37] ou *estatutário* como "os titulares de cargo público efetivo e em comissão, com regime jurídico estatutário geral ou peculiar e integrantes da Administração direta, das autarquias e das fundações públicas com personalidade de Direito Público".[38]

Diogo de Figueiredo Moreira Neto, igualmente, menciona a existência de *servidores públicos lato sensu* e *stricto sensu*. Aqueles seriam todas as pessoas físicas que prestam serviço mediante remuneração à Administração Direta (União, Estados, Distrito Federal e Municípios) e Indireta (autarquia e fundação pública); estes seriam as pessoas físicas que prestam seus serviços aos entes da Administração Pública, já descritos, sujeitos a *regime estatutário*.[39]

Cabe ressaltar que as conceituações de servidores públicos apresentadas pelos autores, bem como a que vem sendo utilizada pela Constituição Federal, apresenta as características de relação jurídica de trabalho, de natureza profissional, não eventual, com relação de dependência e remuneração por parte dos cofres públicos, assemelhando-se, no que couber, à relação celetista (regida pela CLT), con-

---

[35] GASPARINI, Diógenes. *Direito Administrativo*. 11 ed. rev. e atual. São Paulo: Saraiva, 2006, p. 171.

[36] ROCHA, Carmem Lúcia Antunes. *Princípios constitucionais dos servidores públicos*. São Paulo: Saraiva, 1999, p. 78.

[37] Uma vez que, para o autor, servidor público *em sentido amplo*, "são todos os agentes públicos que se vinculam à Administração Pública, direta e indireta, do Estado sob regime jurídico (a) estatutário regular, geral ou peculiar, ou (b) administrativo especial, ou (c) celetista (regido pela Consolidação das Leis do Trabalho – CLT), de natureza profissional e empregatícia". MEIRELLES, Hely Lopes. *Direito Administrativo Brasileiro*. 25 ed. São Paulo: Malheiros, 2000, p. 376.

[38] MEIRELLES, Hely Lopes. *Direito Administrativo Brasileiro*. 25 ed. São Paulo: Malheiros, 2000, p. 376.

[39] MOREIRA NETO, Diogo de Figueiredo. *Curso de Direito Administrativo*: parte introdutória, parte geral e parte especial. Rio de Janeiro: Forense, 2005, p. 283 e 288.

forme se observa da redação do art. 3º da CLT.[40] O traço distintivo é a natureza do vínculo, que, de contratual, passa a ser institucional, sendo fortemente marcada pelo princípio da legalidade.

Conforme observa Maria Sylvia Zanella Di Pietro, embora os *empregados públicos* estejam sujeitos à CLT, submetem-se a todas as normas constitucionais referentes a requisitos para investidura, acumulação de cargos, vencimentos, entre outras.[41] Todavia, esse fato não descaracteriza a relação contratual celetista.

Assim, servidores públicos *stricto sensu*, ou melhor, *servidores públicos estatutários* "são os que se vinculam à Administração Pública direta, autárquica e fundacional pública mediante um liame de natureza institucional. O regime, portanto, é o de cargo".[42]

Muitos autores vinculam o regime jurídico estatutário ao cargo público,[43] o qual somente pode ser criado por lei – art. 37, inciso II, da Constituição Federal.[44] Da mesma forma, a Lei 8.112/90, que dipõe sobre o regime jurídico dos servidores civis da União, das autarquias e fundações públicas federais, em seu art. 2º, estabelece que "servidor é a pessoa legalmente investida em cargo público".[45] O cargo público sujeita-se a regime jurídico peculiar de direito pú-

---

[40] Art. 3º. Considera-se empregado toda pessoa física que prestar serviços de natureza não eventual a empregador, sob a dependência deste e mediante salário.

[41] DI PIETRO, Maria Sylvia Zanella. *Direito Administrativo*. 19 ed. São Paulo: Atlas, 2006, p. 502.

[42] GASPARINI, Diógenes. *Direito Administrativo*. 11 ed. rev. e atual. São Paulo: Saraiva, 2006, p. 172.

[43] Nesse sentido: JUSTEN FILHO, Marçal. *Curso de direito administrativo*. São Paulo: Saraiva, 2005, p. 580; DI PIETRO, Maria Sylvia Zanella. *Direito Administrativo*. 19 ed. São Paulo: Atlas, 2006, p. 502; MELLO, Celso Antonio Bandeira de. *Curso de direito administrativo*. 20 ed. rev. e atual. até a Emenda Constitucional 48, de 10.8.2005. São Paulo: Malheiros, 2006, p. 237. Apresentando conceituação de servidor público sem vinculá-la ao cargo público, mas sim, caracterizando-a com base no estatuto, MOREIRA NETO, Diogo de Figueiredo. *Curso de Direito Administrativo*: parte introdutória, parte geral e parte especial. Rio de Janeiro: Forense, 2005, p. 288.

[44] II – a investidura em cargo ou emprego público depende de aprovação prévia em concurso público de provas ou de provas e títulos, de acordo com a natureza e a complexidade do cargo ou emprego, *na forma prevista em lei*, ressalvadas as nomeações para cargo em comissão declarado em lei de livre nomeação e exoneração; (grifo meu)

[45] No mesmo sentido, o art. 2º da Lei Complementar 10.098/94 que dispõe sobre o estatuto e o regime jurídico único dos servidores públicos civis do Estado do Rio Grande do Sul.

blico, envolvendo inúmeras garantias, poderes, limitações, que não encontram equivalente no regime de direito privado.[46]

Uma vez que o cargo público deve ser criado por lei, todas as disposições relativas ao cargo devem estar juntamente previstas, relativamente à função a ser desempenhada pelo servidor público, os vencimentos, direitos e deveres, aposentadoria, entre outros. Essa lei é o *estatuto* do cargo, que, por via reflexa, atinge o ocupante do cargo, que corresponde ao *servidor público estatutário*.

Considerando que existem duas formas de provimento dos cargos públicos (art. 37, inciso II, da Constituição Federal): *efetivo* (mediante prévia aprovação em concurso público de provas ou de provas e títulos) e *em comissão* (declarado em lei de livre-nomeação e exoneração), por opção, no presente trabalho, o enfoque será dado somente para o servidor público estatutário ocupante de cargo de provimento *efetivo*.

Assim, para fins do presente trabalho, *servidor público estatutário* deve ser entendido como aquele indivíduo que, após ter sido previamente aprovado em concurso público de provas ou de provas e títulos e após a nomeação e posse para ocupar o cargo de provimento efetivo criado em lei para a Administração Pública Direta, autárquica e funcional pública, nas quatro esferas federativas, submeter-se-á, obrigatoriamente, a cada respectivo estatuto, firmando com aquela um vínculo institucional. Mas o que significa estar submetido a regime jurídico estatutário?

A Constituição Federal, em sua redação original, dispunha, no art. 39,[47] acerca do *regime jurídico único* a ser aplicado aos servidores públicos. Posteriormente, com o advento da Emenda Constitucional (EC) 19/98, tal referência foi excluída.[48] Em torno dessa modificação,

---

[46] JUSTEN FILHO, Marçal. *Curso de direito administrativo*. São Paulo: Saraiva, 2005, p. 582.

[47] Art. 39. A União, os Estados, o Distrito Federal e os Municípios instituirão, no âmbito de sua competência, regime jurídico único e planos de carreira para os servidores da administração pública direta, das autarquias e das fundações públicas.

[48] Importante mencionar a existência da ADIn 2.135-4, de relatoria da Ministra Ellen Gracie, em que, em sede liminar, foi determinada a suspensão da eficácia da redação dada ao *caput* do art. 39 da Constituição Federal pela EC 19/98, tendo essa decisão efeitos *ex nunc*. Aguarda julgamento do mérito. Dessa forma, encontra-se em vigor a exigência de regime jurídico único aos servidores públicos da Administração Direta, autárquica e fundacional pública. Disponível em: <http://www.stf.gov.br/portal/processo/ verProcessoAndamento.asp>. Acesso em: 14 ago. 2008.

muito discutiu a doutrina sobre a permanência ou não da obrigatoriedade do regime jurídico único. Chegou-se à conclusão de que a obrigatoriedade do regime jurídico único havia sido afastada, podendo, a partir daí, os servidores públicos ficarem sujeitos a mais de um regime jurídico, tais como os celetistas.[49]

No regime estatutário, o Estado[50] não firma contrato com o servidor público, mas estabelece o estatuto unilateralmente, fixando um regime de trabalho, os vencimentos, etc., sendo lícito, a qualquer tempo, modificar esse regime jurídico e, assim, as condições de trabalho, desde que o faça por meio de lei, sem qualquer discriminação pessoal, visando às conveniências da Administração Pública.[51]

A possibilidade de modificação, de extinção, de criação de novos direitos e de deveres no estatuto é realizada de forma unilateral pelo Estado, constituindo isso uma característica do vínculo institucional, uma vez que, se tivesse natureza contratual, as alterações feitas não poderiam valer imediatamente ao servidor público estatutário sem lhe ofender direito adquirido, dado que o contrato teria lhe assegurado um regime (cláusulas), cuja alteração dependeria de sua concordância para vigorar – manifestação de vontade acerca do conteúdo. Uma vez que se trata de relação institucional, nenhum óbice jurídico há a que se modifiquem as normas que o disciplinam, fazendo-se adotar, de imediato, o novo regime.[52]

O servidor público estatutário, quando ingressa no serviço público, já tem pleno conhecimento acerca da legislação a qual irá submeter-se. O estatuto é a própria lei elaborada pela autoridade

---

[49] Comenta Carmem Lúcia Antunes Rocha que, mesmo após a modificação constitucional, mantém-se a obrigatoriedade do regime estatutário, uma vez que se colocou, como obrigação constitucional, a instituição de um Conselho de política e administração e remuneração de pessoal. Se fosse possível aplicar-se as normas de direito do trabalho, não haveria necessidade da criação de tal conselho. ROCHA, Carmem Lúcia Antunes. *Princípios constitucionais dos servidores públicos* São Paulo: Saraiva, 1999, p.135.

[50] Entenda-se que a criação, a extinção e a modificação da legislação estatutária é de competência do Poder Legislativo, resguardada a iniciativa privativa dos chefes do Poder Executivo nas respectivas esferas federais.

[51] MEIRELLES, Hely Lopes. *Direito Administrativo Brasileiro*. 25 ed. São Paulo: Malheiros, 2000, p. 435.

[52] MELLO, Celso Antonio Bandeira de. *Apontamentos sobre os agentes e órgãos públicos*. São Paulo: Revista dos Tribunais, 1972, p. 14.

competente,[53] correspondendo a um "conjunto de direitos, deveres e responsabilidades compiladas num documento legal e impostas abstrata, genérica e obrigatoriamente a quem se subsuma a seus termos ou que neles se enquadre".[54] Em outras palavras: é a lei que rege o vínculo firmado entre o servidor público estatutário e a Administração Pública, não havendo espaço para negociação nem para debate entre os dois pólos da relação.

Celso Antonio Bandeira de Mello ressalta que há uma vontade a ser expressa, ou seja, há um ato de vontade, mas que se cinge à formação do vínculo institucional. Limita-se o servidor público estatutário a expressar a concordância (quando da posse no cargo) para que seja inserido em uma situação geral e abstrata. Essa vontade não atinge, nem pode atingir, o conteúdo da relação, já que não está à disposição como objeto de discussão.[55]

Não se pode olvidar que igualmente a entidade estatal encontra-se previamente vinculada ao disposto no estatuto, devendo observá-lo rigorosamente, em razão do princípio da legalidade, bem como aos demais dispostos no art. 37, *caput*, da Constituição Federal.[56]

Juarez Freitas enfatiza, no artigo intitulado "Carreiras de Estado e Regime Institucional", a importância da manutenção do regime jurídico estatutário (institucional), justamente pelo fato de o servidor

---

[53] Deve-se entender a autoridade competente como o chefe do Poder Executivo que tem iniciativa privativa em cada ente da Federação.

[54] ROCHA, Carmem Lúcia Antunes. *Princípios constitucionais dos servidores públicos*. São Paulo: Saraiva, 1999, p. 120.

[55] MELLO, Celso Antonio Bandeira de. *Apontamentos sobre os agentes e órgãos públicos*. São Paulo: Revista dos Tribunais, 1972, p. 11. Vale a pena transcrever a explicação dada por Carmem Lúcia Antunes Rocha: "O que bem caracteriza a natureza desse vínculo público estatutário prevalente na relação havida entre a entidade pública e o seu servidor é, pois, a ausência do elemento vontade de qualquer das partes que a compõem na formulação legal, a condicioná-lo de um lado, e a dinâmica especial, instabilizada pela diversidade das necessidades da sociedade, estampadas na demanda pública, e definidora da modificação de seus termos e regras sem discussão ou acordo prévio, pontuado e pessoal ou categorial entre as pessoas interessadas", ROCHA, Carmem Lúcia Antunes. *Princípios constitucionais dos servidores públicos* São Paulo: Saraiva, 1999, p. 126.

[56] Art. 37. A administração pública direta e indireta de qualquer dos Poderes da União, dos Estados, do Distrito Federal e dos Municípios obedecerá aos princípios de legalidade, impessoalidade, moralidade, publicidade e eficiência (...).

público exercer atividades para o Estado, visando à realização do interesse público, proporcionando um mínimo de segurança no cumprimento das tarefas das quais ficam incumbidos, não se sujeitando, portanto, aos desmandos e à transitoriedade (natural) dos agentes políticos. Por esses motivos, o regime institucional, diferentemente do regime aplicado ao trabalho privado, justifica os anseios de uma boa Administração Pública, com reais condições de atuar como efetivadora dos princípios do Direito Público,[57] e atende a esses anseios.

Expõe Celso Antonio Bandeira de Mello:

> Finalmente, o regime normal dos servidores públicos teria mesmo de ser o estatutário, pois este (ao contrário do regime trabalhista) é o concebido para atender a peculiaridades de um vínculo no qual não estão em causa tão-só interesses empregatícios, mas onde avultam interesses públicos básicos, visto que os servidores públicos são os próprios instrumentos da atuação do Estado.[58]

Importante salientar que o vínculo institucional firmado entre o servidor público estatutário e a Administração Pública não é limitado à simples figura desta num dos pólos da relação, usufruindo dos poderes que são inerentes a essa posição, como, por exemplo, sugerir alteração do estatuto, mas deve-se ir além, uma vez que a Administração Pública é titular de interesse público e, visando à efetivação dos direitos fundamentais dos indivíduos, utiliza-se do servidor público estatuário como instrumento de execução de suas tarefas, desejando alcançar o bem comum. Como membro integrante do aparelho do Estado, e no desenvolvimento de suas funções, age como se fosse o próprio Estado, tendo o servidor público estatutário o compromisso com a sociedade e com a Administração Pública. Dessa forma, tem o servidor público estatutário vínculo com a *instituição* Estado (essa estrutura abstrata, cujo poder emana do povo, conforme parágrafo único do art. 1º da Constituição Federal[59]), considerando o aspecto social do instituto.

Assim, entenda-se que o regime jurídico é estabelecido por *lei*, e esta corresponde ao *estatuto* do servidor público estatutário, sujei-

---

[57] FREITAS, Juarez. Carreiras de Estado e Regime Institucional. *Revista Latino-Americana de Estudos Constitucionais*, São Paulo, n. 4, p. 47-74, jul.-dez. 2004.

[58] MELLO, Celso A. Bandeira de. *Curso de direito administrativo*. 20 ed. rev. e atual. até a Emenda Constitucional 48, de 10.8.2005. São Paulo: Malheiros, 2006, p. 238.

[59] Parágrafo único. Todo o poder emana do povo, que o exerce por meio de representantes eleitos ou diretamente, nos termos desta Constituição.

tando este e a Administração Pública às suas disposições, observada a competência de cada ente da Federação, por se tratar de norma cogente.

2. Princípios e regras

Os conceitos aqui apresentados são importantes para a necessidade de se auferir a constitucionalidade das leis e dos demais atos estatais (incluindo-se aqui as decisões judiciais), ou seja, corresponde ao exame da lei estatutária e da decisão judicial divergente em face da Constituição Federal.

2.1. Princípios e regras

Nosso sistema jurídico[60] é composto de normas jurídicas,[61] as quais a doutrina distinguiu em duas espécies: princípios e regras. É importante fazer-se a distinção entre as referidas espécies normativas, em razão da forte influência dos princípios na questão discutida no presente trabalho.

Várias são as teorias apresentadas a respeito da distinção entre as normas, conforme será aqui demonstrado.

Ronald Dworkin, apesar de construir sua teoria acerca da diferenciação dos princípios e das regras considerando o direito norte-americano, marcou significativamente o pensamento doutrinário.[62]

---

[60] Vide ponto 3.1 do presente trabalho, que traz o conceito de sistema jurídico.

[61] "Normas não são os textos nem o conjunto deles, mas os sentidos construídos a partir da interpretação sistemática de textos normativos", segundo ÁVILA, Humberto. *Teoria dos princípios da definição à aplicação dos princípios jurídicos.* 4 ed. rev. São Paulo: Malheiros, 2004, p. 22.

[62] Adotando sua tese, GRAU, Eros Roberto. *A ordem econômica na Constituição de 1988 (Interpretação e crítica).* 7 ed. rev. e atual. São Paulo: Malheiros, 2002, p. 103.

O autor, em seu ataque ao positivismo, pretendeu demonstrar que os princípios integram a ordem jurídica, juntamente com as regras. A diferença entre as referidas normas seria de natureza lógica:

> [...] as regras são aplicáveis à maneira do tudo-ou-nada. Dados os fatos que uma regra estipula, então a regra é válida, e neste caso a resposta que ela fornece deve ser aceita, ou não é válida, e neste caso em nada contribui para a decisão.[63]

Ainda com relação às regras, explicou que essas podem conter exceções, mas que todas devem estar previstas, a fim tornar mais exato o enunciado da norma.[64] Em decorrência dessa distinção, os princípios teriam uma dimensão diferente das regras: uma dimensão de peso ou de importância.[65] Em função disso, poder-se-ia questionar, em relação a um princípio, "que peso ele tem ou quão importante ele é".[66] Essa ponderação denuncia um conflito entre os princípios, o qual é resolvido mediante a resposta à pergunta feita. Já o conflito entre regras é resolvido a partir de outras regras: a que dá precedência à promulgada por autoridade de grau superior, à promulgada mais recentemente e à mais específica.[67]

Robert Alexy, por sua vez, não se distanciou muito da teoria proposta por Ronald Dworkin, mas tratou de aperfeiçoá-la, com maior rigorismo científico.[68] Diz ele que tanto as regras quanto os princípios são formulados com a ajuda de expressões deônticas básicas de mandato, de permissão e de proibição. Os princípios são normas que ordenam que algo seja realizado na sua maior medida possível, dentro das possibilidades jurídicas e reais existentes. Seriam *mandados de optimização*, podendo ser cumpridos em diferentes graus. O âmbito das possibilidades jurídicas é determinado pelos princípios e regras opostos; o âmbito das possibilidades reais existentes (ou fáticas) relaciona-se com a análise do caso concreto. A colisão de princípios dá-se quando um princípio proíbe o que o outro permite, tendo um que ceder ante o outro. Assim, na colisão de princípios, no caso concreto, seria dada a um dimensão de peso maior do

---

[63] DWORKIN, Ronald. *Levando os direitos a sério*. São Paulo: Martins Fontes, 2002, p. 39.
[64] Idem, p. 40.
[65] Idem, p. 42.
[66] Idem, p. 43.
[67] Idem, p. 43.
[68] Conforme comenta BONAVIDES, Paulo. *Curso de direito constitucional*. 16 ed. atual. São Paulo: Malheiros, 2005, cuja tese compartilha.

que a atribuída a outro, eis que, abstratamente, os princípios estão no mesmo nível, não se questionando acerca da validade dos mesmos. Na solução obtida com o sopesamento, estabelecem-se, entre os princípios colidentes, uma relação de precedência condicionada, ou seja, sob determinadas circunstâncias c, o princípio x precede ao y. Dessa relação, diz o autor, seria extraída uma regra r, a qual corresponderia à circunstância de fato c, a precedência do princípio x sobre y. Já as regras, por sua vez, são normas que podem ser cumpridas, ou não. Se a regra é válida, então, deve fazer-se o que nela está determinado, nem mais, nem menos. A regra contém *determinações* no âmbito fático e juridicamente possível.[69]

José Joaquim Gomes Canotilho conceituou os princípios como "normas jurídicas impositivas de uma *optimização*, compatíveis com vários graus de concretização, consoante os condicionalismos fácticos e jurídicos", e as regras como "normas que prescrevem imperativamente uma exigência (impõem, permitem ou proíbem) que é ou não é cumprida (nos termos de Dworkin: *applicable in all-or-nothing fashion*)". Ou seja, adotou a teoria de Robert Alexy, quanto aos princípios, e de Ronald Dworkin, quanto às regras. Observa-se ainda que o autor traz a lume os valores, mencionando que os princípios exprimem valores, e que estes servem de fundamento para as regras.[70]

Reformulando os conceitos de regras e princípios, a partir da análise e crítica da teoria de alguns dos principais autores – Ronald Dworkin, Robert Alexy, entre outros – inclusive alguns aqui expostos, Humberto Ávila conclui que

> As regras são normas imediatamente descritivas, primariamente retrospectivas e com pretensão de decidibilidade e abrangência, para cuja aplicação se exige a avaliação da correspondência, sempre centrada na finalidade que lhes dá suporte ou nos princípios que lhes são axiologicamente sobrejacentes, entre a construção conceitual da descrição normativa e a construção conceitual dos fatos.
> Os princípios são normas imediatamente finalísticas, primariamente prospectivas e com pretensão de complementaridade e de parcialidade, para cuja aplicação se demanda uma avaliação da correlação entre o estado de coisas a ser promovido e os efeitos decorrentes da conduta havida como necessária à sua promoção.[71]

---

[69] ALEXY, Robert. *Teoría de los Derechos Fundamentales*. Madrid: Centro de Estúdios Políticos y Constitucionales, 2001, p. 86-87.
[70] CANOTILHO, José Joaquim Gomes. *Direito Constitucional e Teoria da Constituição*. 7 ed. Coimbra: Almedina, 2003, p. 1161.
[71] ÁVILA, Humberto. *Teoria dos princípios da definição à aplicação dos princípios jurídicos*. 4 ed. rev. São Paulo: Malheiros, 2004, p. 70.

Humberto Ávila trouxe ainda uma grande contribuição para a discussão da ciência do Direito, ao propor a classificação que alberga *alternativas inclusivas*, ou seja, a possibilidade de leitura de um ou mais dispositivos que, conforme a perspectiva analisada pelo intérprete, podem gerar uma regra, um princípio ou um postulado.[72] Em outras palavras: um ou vários dispositivos podem experimentar uma *"dimensão* imediatamente comportamental (regra), finalística (princípio) e/ou metódica (postulado)".[73] A análise na perspectiva de regra dá-se caso o caráter comportamental seja privilegiado pelo aplicador em detrimento da finalidade objetivada pela regra; todavia, caso o aspecto valorativo seja *autonomizado*,[74] ou seja, considerado autonomamente em face da norma, exigirá outros comportamentos não descritos na norma, mas necessários à realização do que visa a preservar,[75][76] sendo essa a análise na perspectiva de princípio.

Combatendo a tese de Ronald Dworkin e de Robert Alexy, quanto à diferenciação descritiva das regras em face dos princípios, Humberto Ávila defende que, apesar de os princípios não possuírem uma hipótese descritiva de comportamento frontal como a regra, mesmo em nível abstrato, por meio da interpretação, é possível indicar espécies de comportamento a serem adotadas. Assim, a di-

---

[72] Os postulados normativos, segundo o autor, são normas imediatamente metódicas, que estruturam a interpretação e aplicação de princípios e regras, ÁVILA, Humberto. *Teoria dos princípios da definição à aplicação dos princípios jurídicos.* 4 ed. rev. São Paulo: Malheiros, 2004, p. 90.

[73] ÁVILA, Humberto. *Teoria dos princípios da definição à aplicação dos princípios jurídicos.* 4 ed. rev. São Paulo: Malheiros, 2004, p. 60.

[74] Sabendo-se que as normas jurídicas (regras e princípios) possuem o caráter deôntico (razões para a existência de obrigações, permissões e proibições, conforme ÁVILA, Humberto. *Teoria dos princípios da definição à aplicação dos princípios jurídicos.* 4 ed. rev. São Paulo: Malheiros, 2004, p. 63-64.

[75] Idem, p. 61-62.

[76] Importante fazer a diferenciação entre princípios e valores: aqueles, além de conter estes (os valores) instituem o dever de adotar comportamento necessário à realização de uma finalidade, de um estado de coisas (caráter deôntico da norma finalística + conteúdo axiológico = princípio), enquanto o valor qualifica a norma somente, segundo ÁVILA, Humberto. *Teoria dos princípios da definição à aplicação dos princípios jurídicos.* 4 ed. rev. São Paulo: Malheiros, 2004, p. 72. Saliente-se que o valor possui conteúdo subjetivo, recebendo a devida proteção, preservação pelo intérprete/aplicador do direito, apesar de o ordenamento jurídico já ter escolhido alguns, tal como o valor segurança, disposto no preâmbulo da Constituição Federal. Esclareça-se, ainda, que as regras também contêm valores (caráter deôntico da norma comportamental + conteúdo axiológico = regra).

ferença entre os princípios e regras estaria no uso argumentativo,[77] já que, para incidir o princípio, esse uso é muito maior em face do conjunto de suas características. Para as regras, o uso argumentativo ganha relevância, segundo o autor, quando, na sua aplicação – e aqui a tese *tudo ou nada* é criticada –, as circunstâncias específicas de fato ganham relevância, e o bem que a regra visa a preservar será melhor protegido com o afastamento da conseqüência descrita na norma. Em outras palavras, as razões[78] que superam a aplicação da regra são mais relevantes do que aquelas que determinam a incidência no caso fático,[79] o que comprova que tanto as regras quanto os princípios sofrem ponderação.[80]

Juarez Freitas conceitua os princípios – denominando-os de *princípios fundamentais* – como

> [...] os critérios ou as diretrizes basilares do sistema jurídico, que se traduzem como disposições hierarquicamente superiores, do ponto de vista axiológico, às normas estritas (regras) e aos próprios valores (mais genéricos e indeterminados), sendo linhas mestras de acordo com as quais guiar-se-á o intérprete quando se defrontar com as antinomias jurídicas.[81]

Quanto às regras, define-as como "preceitos menos amplos e axiologicamente inferiores aos princípios. Existem para harmonizar e dar concretude aos princípios fundamentais".[82] A distinção entre as normas, segundo o autor, não seria pela generalidade, mas pela *qualidade argumentativa superior,* além do reconhecimento de uma diferença substancial de grau superior (distinção mais de grau hierárquico do que de "essência").[83]

---

[77] ÁVILA, Humberto. *Teoria dos princípios da definição à aplicação dos princípios jurídicos*. 4 ed. rev. São Paulo: Malheiros, 2004, p. 35.
[78] Remeta-se o leitor para o ponto 3.1, que expõe o entendimento de Luis Recansés Siches.
[79] ÁVILA, Humberto. *Teoria dos princípios da definição à aplicação dos princípios jurídicos*. 4 ed. rev. São Paulo: Malheiros, 2004, p. 40.
[80] Idem, p. 41.
[81] FREITAS, Juarez. *A interpretação sistemática do direito*. 4. ed. rev e ampl. São Paulo: Malheiros, 2004, p. 56.
[82] Idem, p. 58.
[83] FREITAS, Juarez. *A interpretação sistemática do direito*. 4. ed. rev e ampl. São Paulo: Malheiros, 2004, p. 56-57. Importa mencionar que, para o autor, como as regras seriam como que instrumentos concretizadores dos princípios, um conflito de regras sempre se resolveria à luz dos princípios (por meio da hierarquização axiológica).

Ana Paula de Barcellos, por sua vez, define os princípios como normas jurídicas que pretendem produzir determinados *efeitos concretos* que devem ser garantidos, coativamente, pela ordem jurídica.[84] Em relação às regras, define-as como normas que tendem a produzir efeitos já definidos e delimitados em seu comando e aplicáveis a situações previamente identificadas.[85] Com essa definição, a autora aponta a distinção entre os princípios e as regras: a *relativa indeterminação dos efeitos* e a *multiplicidade de meios para atingi-los*[86] –, referindo-se aos princípios. Explica-se: a regra tem a conseqüência jurídica já definida; o princípio, ao contrário, tem uma finalidade que deve ser alcançada ou preservada, e a incidência concreta desse pode produzir diversos efeitos, conforme as concepções jurídicas, ideológicas, políticas, etc., quando da aplicação no caso concreto, sendo, inclusive, essa multiplicidade de meios para alcançar ou preservar a finalidade, que, de certa forma, proporciona a indeterminação. Tal classificação, segundo ela, não é necessariamente cumulativa,[87] mas, pelo que se percebe, os dois critérios estão intimamente ligados, um servindo de causa e conseqüência ao outro, conforme a perspectiva adotada.

Com a apresentação das teorias acerca da diferenciação entre princípios e regras, pode-se notar não haver exclusão de uma em relação à outra, mas sim a comunhão acerca das muitas idéias apresentadas, além de diferentes modos de expressá-las, como a falta de caráter descritivo dos princípios (ao contrário das regras), a visão finalística do princípio e a visão comportamental da regra, bem como os resultados esperados com relação aos meios empregados para tanto.

Os princípios, apesar de fornecerem idéia de início, na verdade, visam a um fim, a um *estado ideal de coisas* que se deve procurar *optimizar* (na *maior medida possível*). O caminho escolhido para isso, ou seja, o modo por meio do qual se buscará a sua realização ou preservação, os princípios não elucidam. Por essa razão, diz-se que os princípios, para serem aplicados, necessitam de uma *construção* por parte do aplicador/intérprete, a qual se dá por meio da argu-

---

[84] BARCELLOS, Ana Paula de. *A eficácia jurídica dos princípios constitucionais: o princípio da dignidade da pessoa humana*. Rio de Janeiro: Renovar, 2002, p. 56.
[85] Idem, p. 77.
[86] Idem, p. 52.
[87] Idem, p. 54.

mentação jurídica, que terá por função demonstrar a importância e a preponderância do princípio, quando da colisão normativa.

Dá-se, neste trabalho, ênfase aos princípios, uma vez que a problemática a ser aqui tratada põe em colisão os princípios entre si, os quais serão melhor expostos em outros pontos[88] e, a partir da presente exposição, logo se perceberá estar diante dessa espécie normativa.

2.2. Princípios correlatos à administração pública e ao servidor público estatutário

2.2.1. Legalidade

O princípio da legalidade encontra-se previsto no art. 5º, inciso II, da Constituição Federal, o qual estabelece que "ninguém será obrigado a fazer ou deixar de fazer alguma coisa senão em virtude de lei". Em outras palavras: se há uma lei que determine a prática de uma determinada conduta pelo indivíduo ou há uma que determine a abstenção de uma prática, tais condutas hão de ser observadas, sob pena das conseqüências legais impostas em decorrência de sua inobservância; todavia, caso não haja lei especificando as referidas condutas, fica permitido ao indivíduo, pelo seu livre-arbítrio, a prática ou a abstenção.[89]

Essa forma de liberdade de agir é inviável à Administração Pública, eis que igualar a liberdade de atuação do indivíduo com essa, em algum momento, faria surgir um choque entre essas duas liberdades, uma vez que a esfera de autonomia dos indivíduos se veria, em razão da imperatividade dos atos da Administração Pública, reduzida a limites aquém dos que possui em decorrência do Estado de

---

[88] A forma de resolução da colisão entre dois princípios dá-se por meio da aplicação do princípio da proporcionalidade, o qual será melhor desenvolvido no ponto 5.1.

[89] Bem adverte Alexandre Santos de Aragão que, também do ponto de vista das relações privadas, sofre restrição o princípio da legalidade, uma vez que a ação do particular é diretamente restringida não apenas pela lei, mas também pelos princípios constitucionais. ARAGÃO, Alexandre Santos de. A concepção pós-positivista do princípio da legalidade. *Revista de Direito Administrativo*, Rio de Janeiro, v. 236, p. 51-64, abr.-jun. 2004.

Direito – que resguarda, justamente, os indivíduos contra a vontade unilateral das autoridades administrativas.[90]

Em relação à Administração Pública – e aqui se entenda incluídos os servidores públicos estatutários[91] –, o princípio da legalidade adquire uma conotação diferente, ou seja, ela somente pode fazer o que a lei *autoriza* e, mesmo assim, *quando* e *como* autoriza.[92] Essa concepção do princípio da legalidade deve-se a um fator histórico,[93] que, para melhor compreensão do desenvolvimento deste tópico, faz-se necessário expor, ainda que brevemente.

Em oposição ao Antigo Regime e à submissão dos indivíduos frente aos "mandos e desmandos" do rei absolutista, o movimento liberal, liderado por uma burguesia aspirante ao poder político, resultou vitorioso, a partir da divulgação do já conhecido *slogan* "liberdade, igualdade e fraternidade",[94] derrubando o Absolutismo e instituindo um Estado de Direito.[95] Tal movimento culminou com a Revolução Francesa em 1789 e com a promulgação da primeira Constituição Francesa, em 1791.

---

[90] ARAGÃO, Alexandre Santos de. A concepção pós-positivista do princípio da legalidade. *Revista de Direito Administrativo*, Rio de Janeiro, v. 236, p. 51-64, abr.-jun. 2004.
[91] Lembre-se de que os servidores públicos estatutários compõem a categoria dos agentes públicos. Vide ponto 1.2 deste trabalho.
[92] GASPARINI, Diógenes. *Direito Administrativo*. 11 ed. rev. e atual. São Paulo: Saraiva, 2006, p. 8. No mesmo sentido, entendendo que se trata de submissão do agir da Administração Pública à lei. NETO, Diogo de Figueiredo. *Curso de Direito Administrativo*: parte introdutória, parte geral e parte especial. Rio de Janeiro: Forense, 2005, p. 81.
[93] Cabe ressaltar que o entendimento de que a lei obriga a Administração Pública a respeitar seus enunciados deve-se, antes de mais nada, a um aspecto histórico. EISENMANN, Charles. O direito administrativo e o princípio da legalidade. *Revista de Direito Administrativo*, Rio de Janeiro, v. 56, p. 47-70, abr.- jun. 1959, principalmente p. 50.
[94] Segundo Fábio Konder Comparato, a igualdade representou o ponto mais forte da Revolução. A liberdade limitava-se praticamente à supressão dos conflitos sociais ligados à existência de estamentos ou corporações de ofício. A fraternidade, como virtude cívica, seria a abolição dos privilégios. COMPARATO, Fábio Konder. *A afirmação histórica dos direitos humanos*. 3 ed. rev e ampl. São Paulo: Saraiva, 2003, p. 132.
[95] "No Estado absoluto, os indivíduos possuem, em relação ao soberano, direitos privados. No Estado de direito, o indivíduo tem, em face do Estado, não só direitos privados, mas também direitos públicos. O Estado de direito é o Estado dos cidadãos", segundo BOBBIO, Norberto. *A Era dos Direitos*. 16 ed. Rio de Janeiro: Campus, 1992, p. 61.

A idéia de Constituição escrita era, pois, segundo Manoel Gonçalves Ferreira Filho,

> [...] uma arma ideológica contra o *Ancien Regime*, contra o absolutismo, contra a confusão entre o Monarca e o Estado, contra uma organização acusada de ser irracional. Propunha substituir tudo isso por um governo moderado, incapaz de abusos, zeloso defensor das liberdades individuais.[96]

Foi, então, com a formação do Estado Liberal que os direitos dos indivíduos ganharam *status* constitucional[97] e, dessa forma, estavam protegidos frente a eventual arbítrio por parte do Estado.[98] Em decorrência da enorme importância dada ao texto legal, escrito, o qual proclamava os direitos dos indivíduos, todos eram iguais perante a lei e, dessa forma, não restava alternativa ao Estado, senão obedecer às próprias leis.[99]

Percebe-se, portanto, que o conceito de princípio da legalidade advém do fator histórico, no sentido de submeter o agir da Administração Pública à lei escrita, não deixando margem nenhuma de poderes para que pudesse determinar suas próprias práticas.[100]

---

[96] FERREIRA FILHO, Manoel Gonçalves. *Curso de direito constitucional*. 31 ed., rev. e ampl. São Paulo: Saraiva, 2005, p. 7.

[97] Para o Liberalismo, "a Constituição é um documento escrito e solene que organiza o Estado, adotando necessariamente a separação dos Poderes e visando a garantir os direitos do homem". FERREIRA FILHO, Manoel Gonçalves. *Curso de direito constitucional*. 31 ed., rev. e ampl. São Paulo: Saraiva, 2005, p. 7.

[98] A partir do momento que os direitos fundamentais surgem nas primeiras Constituições, assume relevo a problemática das "gerações" do direito, "visto que umbilicalmente vinculada às transformações geradas pelo reconhecimento de novas necessidades básicas, de modo especial em virtude da evolução do Estado Liberal (Estado formal de Direito) para o moderno Estado de Direito (Estado social e democrático [material] de Direito) [...]". SARLET, Ingo Wolfang. *A eficácia dos direitos fundamentais*. 7ed. rev. atual. e ampl. Porto Alegre: Livraria do Advogado, 2007, p. 44.

[99] "A grande conquista da democracia, decorrente das revoluções liberais, foi o Estado *também* submeter-se ao império da lei, deixando de ser o Estado policialesco dos regimes absolutistas". ARAÚJO, Edmir Netto de. *Curso de Direito Administrativo*. São Paulo: Saraiva, 2005, p. 51. (grifo do autor)

[100] "No modelo de Estado Liberal, em que o princípio da legalidade tem a função de defesa do indivíduo contra o 'Estado *mal necessário*', o 'Estado perigoso', o 'Estado inimigo' ou, na melhor das hipóteses, o 'Estado guarda-noturno' (encarregado apenas de zelar pela segurança e a ordem), era adequado pensar numa concepção estrita e rígida do princípio da legalidade da Administração Pública", MOREIRA, João Batista Gomes. A nova concepção do princípio da legalidade no controle da Administração Pública. *Interesse Público*, Porto Alegre, n. 21, p. 81-89, set-out 2003.

Ocorre que, com o desenvolvimento da sociedade, bem como com o surgimento de novos direitos,[101] a partir de novas necessidades, o Estado parou de invadir a esfera do indivíduo a partir de uma postura negativa, passando a adotar também uma postura positiva, no sentido de buscar atender às necessidades dos indivíduos (sociais) num Estado Social.[102] Nesse contexto, o Estado passou a ter que atender aos interesses da sociedade, na busca pelo bem-estar social, ou, em outras palavras, pelo interesse público[103] e, com esse objetivo, tratou de elaborar políticas públicas, oferecer serviços públicos a toda a coletividade.

Em face dessa atividade ampliativa por parte do Estado, atendendo aos anseios da coletividade, tornou-se cada vez mais difícil a previsão legal de todos os atos da Administração Pública de forma específica e disciplinada, partindo, então, para a previsão de modelos jurídicos mais abertos, concedendo a essa poderes para determinar a melhor forma de cumprir o disposto na lei,[104] mas sem deixar de resguardar sua existência. Dessa forma, a Administração Pública

---

[101] Segundo Norberto Bobbio, os direitos do homem, por mais fundamentais que sejam, são direitos históricos, ou seja, "nascidos em certas circunstâncias, caracterizadas por lutas em defesa de novas liberdades contra velhos poderes e, nascidos de modo gradual, não todos de uma vez e nem de uma vez por todas", BOBBIO, Norberto. *A Era dos Direitos*. 16 ed. Rio de Janeiro: Campus, 1992, p. 5.

[102] "[...] a partir do momento em que se concebe o papel ativo do Estado, por meio da Administração, na promoção do interesse público, consistente na prestação de serviços públicos, na efetivação de direitos sociais e na assunção de atividades econômicas estratégicas. O enfoque, aqui, é finalístico, transitando dos meios para os resultados, da forma para a substancia, da legalidade para o mérito e do ato administrativo para as políticas", MOREIRA, João Batista Gomes. A nova concepção do princípio da legalidade no controle da Administração Pública. *Interesse Público*, Porto Alegre, n. 21, p. 81-89, set-out 2003.

[103] Adotando-se o conceito de Celso Antonio Bandeira de Mello: "o interesse público deve ser conceituado como o interesse resultante do conjunto dos interesses que os indivíduos *pessoalmente* têm quando considerados *em sua qualidade de membros da Sociedade e pelo simples fato de o serem*". MELLO, Celso Antonio Bandeira de. *Curso de direito administrativo*. 20 ed. rev. e atual. até a Emenda Constitucional 48, de 10.8.2005. São Paulo: Malheiros, 2006, p. 51. (grifo do autor).

[104] A lei pode dar poderes à Administração Pública, mesmo de forma sucinta, desde que sejam conexos aos princípios que possibilitem o seu controle, princípios estes que devem abranger a finalidade, políticas públicas etc., segundo pensamento de ARAGÃO, Alexandre Santos de. A concepção pós-positivista do princípio da legalidade. *Revista de Direito Administrativo*, Rio de Janeiro, v. 236, p. 51-64, abr.-jun. 2004.

passou a receber a forte influência de outros princípios, adequando-se às necessidades e interesses da sociedade,[105] em razão de seu afastamento à rígida submissão à lei.

A Administração Pública recebeu tratamento em ponto específico da Constituição Federal (Capítulo VII do Título III), cujo princípio da legalidade encontra-se expresso no *caput* do art. 37 do mesmo diploma legal.[106] Convém notar que o princípio da legalidade está ao lado de outros princípios de *"igual estirpe"*,[107] os quais servem de guia para a sua conduta.[108]

O convívio entre os princípios reguladores da atividade administrativa tornou-se ainda mais evidente após a EC 19/98, por força da inclusão do princípio da eficiência. Aliás, ressalta-se que a esse último princípio citado diminui a importância ao princípio da legalidade recebido no passado – como já demonstrado. Em razão da necessidade da efetivação do interesse público por parte da Administração Pública, espera-se que esta seja *eficiente*, o que pode significar, muitas vezes, o desapego à própria *lei*, para buscar alcançar tal eficiência.[109] Além disso, o fato de constarem, no *caput* do artigo constitucional, outros princípios, indica que, em caso de colisão entre eles, não necessariamente prevalecerá o princípio da legalidade, mas sim que os princípios colidentes entre si serão sopesados e apli-

---

[105] "Com efeito, evolui-se para se considerar a Administração Pública vinculada não apenas à lei, mas a todo um bloco de legalidade, que incorpora valores, princípios e objetivos jurídicos maiores da sociedade [...]", ARAGÃO, Alexandre Santos de. A concepção pós-positivista do princípio da legalidade. *Revista de Direito Administrativo*, Rio de Janeiro, v. 236, p. 51-64, abr.-jun. 2004.

[106] Art. 37. A administração pública direta e indireta de qualquer dos Poderes da União, dos Estados, do Distrito Federal e dos Municípios obedecerá aos princípios de legalidade, impessoalidade, moralidade, publicidade e eficiência [...]

[107] Utilizando-se da terminologia de FREITAS, Juarez. *O controle dos atos administrativos e os princípios fundamentais*. 3 ed. rev. e ampl. São Paulo: Malheiros, 2004, p. 46

[108] A Lei 9.784/99 acrescenta outros princípios que devem ser observados pela Administração Pública:
Art. 2º A Administração Pública obedecerá, dentre outros, aos princípios da legalidade, finalidade, motivação, razoabilidade, proporcionalidade, moralidade, ampla defesa, contraditório, segurança jurídica, interesse público e eficiência.

[109] Juarez Freitas entende que o cidadão pode exigir da Administração Pública que "faça o que a lei e o Direito permitem ou obriguem, ainda que lícitas e obrigatórias determinadas atividades sem previsão legislativa, por força da incidência de outros princípios", FREITAS, Juarez. *O controle dos atos administrativos e os princípios fundamentais*. 3 ed. rev. e ampl. São Paulo: Malheiros, 2004, p. 46.

cados na maior medida de cada um, podendo, por exemplo, preponderar o princípio da moralidade.[110]

Dessa forma, verifica-se uma mudança de foco. A lei passa a ser vista por um *olhar* que a considera não apenas de *per si*, mas, sim, inserida num sistema muito maior, calcado nos princípios, valores e regras constitucionais. Nesse sentido, segundo Juarez Freitas,

> [...] a subordinação da Administração Pública não é apenas à lei. Deve haver o respeito à legalidade, sim, todavia encartada no plexo de características e ponderações que a qualifiquem como sistematicamente justificável. Não quer dizer que se possa alternativamente obedecer à lei ou ao Direito. Não. A legalidade devidamente justificada requer uma observância cumulativa dos princípios em sintonia com a teleologia constitucional. A justificação apresenta-se menos como submissão do que como respeito fundado e racional. Não é servidão ou vassalagem, mas acatamento pleno e concomitante à lei e ao Direito. Assim, desfruta o princípio da legalidade de autonomia mitigada.[111]

Adequando-se à visão mais atual do princípio da legalidade, a Lei 9.784/99, que regula o Processo Administrativo no âmbito da Administração Pública Federal, dispõe expressamente, em seu art. 2°, inciso I, que, nos processos administrativos, deve ser observada a "atuação conforme a lei e o Direito".

Assim, há uma nova formulação do princípio da legalidade:

> É uma via de mão dupla: serve tanto para restringir a ação da Administração Pública não apenas pela lei, mas também pelos valores e princípios constitucionais, como para permitir a sua atuação, quando, mesmo diante da ausência de lei infra-constitucional específica, os valores da Constituição (lei constitucional) impuseram sua atuação.[112]

Percebe-se, então, que o princípio da legalidade deve ser compreendido além da submissão dos atos da Administração Pública à lei, como a aplicação do princípio da supremacia da Constituição, uma vez que toda leitura que se faça da *lei* tem por fim promover

---

[110] Remeta-se o leitor para a diferenciação entre princípios e regras no ponto 2.1 e para forma de resolução deste conflito a partir da proporcionalidade no ponto 5.1.
[111] FREITAS, Juarez. *O controle dos atos administrativos e os princípios fundamentais*. 3 ed. rev. e ampl. São Paulo: Malheiros, 2004, p. 43-44.
[112] ARAGÃO, Alexandre Santos de. A concepção pós-positivista do princípio da legalidade. *Revista de Direito Administrativo*. Rio de Janeiro, v. 236, p. 51-64, abr.-jun. 2004.

os valores, princípios e regras constitucionais.[113] Assim, vale a pena transcrever, mais uma vez, conclusão de Juarez Freitas:

> O princípio da constitucionalidade representa o coroamento do processo de evolução da legalidade, fazendo com que o controlador esclarecido acolha o imperativo de ascender da lei para o todo constitucional e vice-versa, num processo circular.[114]

Dentro da moderna concepção *constitucionalista* acerca do princípio da legalidade, é importante ter em mente que o tratamento dispensado pela Administração Pública à sociedade deve estar em harmonia com a Constituição Federal: seus valores, princípios e regras. Importante, também, lembrar que a referência ao princípio da legalidade é mais fácil de ser visualizada e compreendida a partir da análise da *função administrativa* do Estado.[115] Todavia, conforme já esclarecido,[116] o princípio da legalidade deve ser observado, na maior medida possível, também pelos demais Poderes do Estado (Legislativo e Judiciário), eis que integrantes de sua estrutura, considerada, obviamente, a maior ou a menor liberdade no exercício de suas funções.

Volta-se, agora, à análise do princípio da legalidade para a perspectiva do servidor público estatutário. A Constituição Federal, na Seção II do Capítulo VII – arts. 39 a 41 –, enuncia os direitos, os deveres, a forma como esses serão disciplinados,[117] além de outras questões.[118] O estatuto do servidor público estatutário que rege a sua relação com a Administração Pública deve observar essas normas constitucionais. O servidor público estatutário não pode modificar seu estatuto, mas pode exigir o seu cumprimento, caso seus direitos não sejam respeitados pela Administração Pública. Ademais, qual-

---

[113] Segundo Riccardo Guastini, o princípio da legalidade é um corolário dessa doutrina política que vê, não na lei, mas, sobretudo, na Constituição, a expressão da soberania. Mas adverte: desde que a Constituição seja rígida. GUASTINI, Riccardo. *Il giudice e la legge: lezione di diritto constituzionale*. Torino: G. Giappichelli Editore, 1995, p. 37.

[114] FREITAS, Juarez. *O controle dos atos administrativos e os princípios fundamentais*. 3 ed. rev. e ampl. São Paulo: Malheiros, 2004, p. 44.

[115] Tanto que são, geralmente, os estudiosos do Direito Administrativo que tratam da questão.

[116] Vide nota de rodapé 3.

[117] Por exemplo, art. 39, § 1º, em que dispõe a forma de fixação dos vencimentos dos servidores públicos.

[118] Por exemplo, art. 39, § 2º, em que se impõe o dever da formação de escolas para a formação e o aperfeiçoamento dos servidores públicos.

quer modificação na relação do servidor público estatutário com a Administração Pública dá-se sempre por meio de lei, justamente, para garantir a uniformidade de tratamento, evitar arbítrio, privilégio, etc. O respeito, portanto, deve ser à lei, mas contanto que essa esteja em harmonia com a Constituição Federal. Desse modo, mais uma vez aqui, o princípio da legalidade deve ser analisado em sua constitucionalidade.

O servidor público estatutário pode exigir a efetivação de seus direitos, previstos em lei, à luz da Constituição Federal, de forma individual ou coletiva.[119] Ocorre que, conforme a busca da tutela desses direitos, o resultado pode ser divergente,[120] de forma a dispensar tratamento diferenciado a uns e a outros servidores públicos estatutários, apesar de comporem todos uma *categoria de servidores públicos estatutários,* cujo tratamento legal reclama uniformidade, igualdade, por estarem na mesma situação jurídica.[121]

Assim, servidores públicos estatutários, que têm suas atividades, seus direitos e deveres sempre regidos por lei (estatuto), devendo receber igual tratamento jurídico, já que são juridicamente iguais, tornam-se desiguais em decorrência de decisões judiciais divergentes. Essa desigualdade criada reflete na prática *legal* (tanto em seu viés *legalista* quanto no *constitucionalista*) da Administração Pública. Manter essa diferenciação é possível em face da Constituição Federal?

Esse questionamento traz à baila a discussão a respeito do princípio da isonomia, cuja exposição é feita a seguir.

2.2.2. Isonomia[122]

Antes de adentrar na análise do princípio da isonomina no corpo da Constituição Federal, convém fazer breve referência ao Preâmbulo dessa. A redação está nos seguintes termos:

---

[119] A decisão transitada em julgado na ação individual em conflito com a decisão na ação coletiva será tratada mais adiante, no ponto 5.1, para onde se remete o leitor.
[120] Entenda-se *divergente* como decisões que são opostas; conflitantes.
[121] Importante não olvidar que não há um estatuto apenas, mas sim que cada entidade federativa possui o seu estatuto, em decorrência da competência legislativa do órgão responsável.
[122] Isonomia será utilizada como sinônimo de igualdade.

> Nós, representantes do povo brasileiro, reunidos em Assembléia Nacional Constituinte para instituir um Estado Democrático, destinado a assegurar o exercício dos direitos sociais e individuais, a liberdade, a segurança, o bem-estar, o desenvolvimento, a igualdade e a justiça como valores supremos de uma sociedade fraterna, pluralista e sem preconceitos, fundada na harmonia social e comprometida, na ordem interna e internacional, com a solução pacífica das controvérsias, promulgamos, sob a proteção de Deus, a seguinte Constituição da República Federativa do Brasil.

Apesar do Preâmbulo servir como mero enunciado – e, portanto, não possuir caráter normativo –, informa a origem, os fins da elaboração normativa fundamental, os valores eleitos pela ordem jurídica a serem preservados e apresenta-se extremamente útil quando da interpretação dos dispositivos constitucionais.[123]

Relativamente à igualdade, denota-se que esta corresponde a um dos valores a serem preservados e alcançados pela ordem jurídica vigente, além de se tratar de um direito fundamental, cuja referência normativa veio a ser feita de forma expressa no Título II – Dos direitos e garantias fundamentais.

O princípio da isonomia tem origem histórica com o triunfo da concepção liberal-individualista, que culminou com a Revolução Francesa,[124] em que se afirmava a "igualdade perante a lei" e, segundo Fábio Konder Comparato, para se entender o verdadeiro sentido da lei no enunciado da igualdade é necessário voltar-se ao quadro político e social da Europa no século XVIII.[125]

Pelo fato de ter sido instituído o Estado Liberal, com a derrubada do Antigo Regime, em que a sociedade era estamental,[126] o princípio da igualdade era vinculado à existência de lei geral e abstrata.[127] Dessa forma, apresentou-se em tom libertário, ou seja,

---

[123] Segundo entendimento de HELVESLEY, José. Isonomia constitucional. Igualdade formal *versus* igualdade material. *Escola de Magistratura Federal da 5ª Região*, Recife, n. 7, p. 143-164, 2004, apesar do autor entender que o Preâmbulo é um conjunto de princípios.

[124] Com relação à mesma origem histórica, vide ponto 2.2.1 que trata do princípio da legalidade.

[125] COMPARATO, Fábio Konder. Igualdade, Desigualdades. *Revista Trimestral de Direito Público*, São Paulo, n. 1, p. 69-78, 1993.

[126] Formada por três estamentos: clero, nobreza e terceiro estado.

[127] "Nesse sistema de pensamento, que não há liberdade sem legalidade, nem legalidade sem igualdade". COMPARATO, Fábio Konder. Igualdade, Desigualdades. *Revista Trimestral de Direito Público*, São Paulo, n. 1, p. 69-78, 1993.

já não era mais o nascimento que definia o *status* jurídico do indivíduo, mas sim, a lei que os igualava em direitos, abolindo, de uma vez, as ordens jurídicas estamentais e os privilégios daí decorrentes.

O princípio da isonomia, junto com os ideais revolucionários, muito influenciou na formação das novas ordens jurídicas constitucionais, tendo, inclusive, influenciado na nossa,[128] bem como, ao longo da história, foi complementando seu conteúdo (da igualdade formal à igualdade material), conforme se descreve a partir da Constituição Federal da República Federativa do Brasil.

O princípio da isonomia, então, foi expressamente consagrado na Constituição Federal de 1988, no *caput* do art. 5.[129][130] Em uma leitura apressada poder-se-ia dizer que, inclusive, houve ênfase no Texto Constitucional do referido princípio, já que é mencionado duas vezes: *"Todos são iguais perante a lei, sem distinção de qualquer natureza,* garantindo-se aos brasileiros e aos estrangeiros residentes no País a inviolabilidade do direito [...] à *igualdade* [...] (grifo meu)". Ocorre que o legislador constituinte foi mais além, pretendendo, com essa redação, dar ênfase a dois aspectos do princípio da igualdade: *igualdade formal* e *igualdade material*.

A igualdade formal decorre da leitura de que "todos são iguais perante a lei", ou seja, a lei deverá ser aplicada a todos, indistintamente, que se enquadrarem na previsão normativa. É a igualdade na aplicação do direito.[131] Situa-se no plano puramente normativo e formal, pretendendo conceder tratamento isonômico em todas as

---

[128] Sobre a influência nas Constituições Brasileiras, COMPARATO, Fábio Konder. Igualdade, Desigualdades. *Revista Trimestral de Direito Público*, São Paulo, n.1, p. 69-78, 1993.

[129] Art. 5º Todos são iguais perante a lei, sem distinção de qualquer natureza, garantindo-se aos brasileiros e aos estrangeiros residentes no País a inviolabilidade do direito à vida, à liberdade, à igualdade, à segurança e à propriedade, nos termos seguintes:

[130] Importante registrar que para Norberto Bobbio, a igualdade e a liberdade possuem um nexo social e político muito fortes, apesar de serem conceitualmente distintos. Em outras palavras, para que os indivíduos de um determinado grupo social sejam iguais, todos devem ser igualmente livres. BOBBIO, Norberto. *Igualdad y Libertad*. Barcelona: Paidós, 1993, p. 56.

[131] BORGES, José Souto Maior. Significação do princípio da isonomia na Constituição de 1988, Pernambuco, *Revista da Esmafe*, v. 2, n. 3, p. 311-324, jan-mar. 1997.

situações,[132] sem considerar as particularidades – as quais podem ser objeto de distinção.[133]

A igualdade material, por sua vez, decorre da leitura "sem distinção de qualquer natureza", ou seja, a lei deverá observar o conteúdo, não podendo ser fonte de discriminação injustificada, despropositada, estabelecendo critérios de igualdade/desigualdade sem razão. Terá a própria igualdade como conteúdo a ser atingido.[134]

Robert Alexy oferece a fórmula clássica a respeito da igualdade, fazendo referência a Platão e Aristóteles: "Hay que tratar igual a lo igual y desigual a lo desigual".[135] Essa frase não contém um critério, apenas pressupõe sua existência.[136] Ao discorrer sobre seu entendimento, sustenta que, como não existe uma igualdade/desigualdade em todos os aspectos (num sentido de igualdade/desigualdade fática universal), bem como que uma igualdade/desigualdade fática parcial (relativas a determinada propriedade/característica), então, diz ele, a igualdade/desigualdade é *valorativa*.[137] Robert Alexy ressalta a necessidade de uma *razão suficiente*, tanto para um tratamento igual ("Si no hay ninguna razón suficiente para la permisión de un tratamiento desigual, entonces está ordenado un tratamiento igual")[138] quanto para um tratamento desigual ("Si hay una razón suficiente para ordenar un tratamiento desigual, entonces está orde-

---

[132] HERTEL, Daniel Roberto. Reflexos do princípio da isonomia no direito processual. *Revista de Direito Constitucional e Internacional*, ano 14, n. 55, p. 198-211, abril-jun. 2006.

[133] Para Norberto Bobbio, a igualdade formal corresponde à incidência do princípio da legalidade, aplicando a lei geral e abstrata que estabelece como deve ser tratada toda uma categoria. Ressalta o autor que a justiça formal tem um valor social, que é o de garantir a ordem antiga até que seja substituída por uma nova. Tem também a função de fazer menos irritante a injustiça, desde que compartilhada ("Mal comum, consolo de tontos"). Registra-se ainda que Norberto Bobbio considera que uma das formas de se fazer justiça dá-se por meio da igualdade, sendo a outra parte, a legalidade, ou seja, a instituição de uma ordem superior, compondo estas duas a harmonia do sistema normativo constitucional. BOBBIO, Norberto. *Igualdad y Libertad*. Barcelona: Paidós, 1993, p. 66-67.

[134] BORGES, José Souto Maior. Significação do princípio da isonomia na Constituição de 1988, Pernambuco, *Revista da Esmafe*, v. 2, n. 3, p. 311-324, jan-mar. 1997.

[135] ALEXY, Robert. *Teoría de los Derechos Fundamentales*. Madrid: Centro de Estúdios Políticos y Constitucionales, 2001, p. 385. Advirta-se que o autor faz a análise da isonomia em face da Lei Fundamental, art. 3, § 1, cuja redação é idêntico ao início do *caput* do nosso art. 5º da Constituição Federal.

[136] Idem, p. 388.

[137] Idem, p. 387.

[138] Idem, p. 395.

nado un tratamiento desigual"),[139] já que para o autor é perfeitamente possível ter-se ambas as orientações. E conclui que o princípio da igualdade deve ser interpretado como um princípio que *prima facie* exige um tratamento igual e só permite um tratamento desigual se pode ser justificado com razões opostas.[140]

As *razões suficientes*, referidas por Robert Alexy, as quais permitem um tratamento jurídico desigual, podem ser alcançadas por muitas argumentações, sendo uma delas – e por ele citada – o princípio da proporcionalidade. Ou seja: a medida "desigual" visa a promover uma finalidade. Essa finalidade é um princípio, o qual entra em colisão com a igualdade jurídica, a partir da constatação de uma situação de fato – que, nada mais é, que uma situação de fato.[141]

A redação do princípio da igualdade no *caput* do art. 5º da Constituição Federal, isto é, antes da discriminação dos demais direitos e garantias fundamentais, não é aleatória. Essa posição "topográfica", segundo autores, denota a proeminência substancial desse princípio com relação aos demais, penetrando como um linfa nos referidos direitos e garantias fundamentais, perpassando-lhe o conteúdo normativo.[142]

Comentando o princípio da igualdade expresso na Constituição Federal de 1946,[143] já o dizia Francisco Campos:

> Dando-lhe o primeiro lugar na enumeração, quis significar expressivamente, embora de maneira tácita, que o princípio de igualdade rege todos os direitos em seguida a êle enumerados. É como se o artigo 141 da Constituição estivesse assim redigido: "A Constituição assegura com *igualdade* os direitos concernentes à vida, à liberdade, à segurança individual e à propriedade, nos têrmos seguintes:"
> Quando, efetivamente, a Constituição assegura a liberdade, a propriedade e os demais direitos individuais, ela os assegura não só indiscriminadamente ou a todos,

---

[139] ALEXY, Robert. *Teoría de los Derechos Fundamentales*. Madrid: Centro de Estudios Políticos y Constitucionales, 2001, p. 397.
[140] Idem, p. 398.
[141] Idem, p. 416.
[142] BORGES, José Souto Maior. Significação do princípio da isonomia na Constituição de 1988, Pernambuco, *Revista da Esmafe*, v. 2, n. 3, p. 311-324, jan-mar. 1997.
[143] Segue a redação do art. 141 da Constituição Federal de 1946:
Art 141 – A Constituição assegura aos brasileiros e aos estrangeiros residentes no País a inviolabilidade dos direitos concernentes à vida, à liberdade, a segurança individual e à propriedade, nos termos seguintes:
§ 1º Todos são iguais perante a lei.

mas a todos na mesma medida e mediante as mesmas condições. Enunciado o direito à igualdade em primeiro lugar, o seu propósito foi, precisamente, o de significar a sua intenção de proscrever, evitar ou proibir que em relação a cada indivíduo pudesse variar o tratamento quanto aos demais direitos que ela assegura e garante.[144]

José Joaquim Gomes Canotilho faz uma observação interessante acerca do princípio da igualdade.[145] Refere o autor que a Constituição[146] concretiza em vários artigos o princípio da igualdade. Em um dos artigos constitucionais vale como *lex generalis* – na Constituição portuguesa é o art. 13/1. Isso faz com que se chegue a duas conclusões: 1) que os fundamentos materiais das igualdades subjacentes às normas constitucionais que consagram direitos especiais de igualdade sobrepõe-se ou tem preferência, como *lex specialis*, relativamente à *lex generalis*; 2) que os critérios de valoração destes direitos podem exigir soluções materialmente diferentes daquelas que resultariam da consideração do princípio geral de igualdade.[147]

O termo "igualdade perante a lei" pode conduzir a equívocos, no sentido de se acreditar que apenas vincula o legislador.[148] Todavia, o princípio deve ser entendido como vinculante a todos os Poderes de Estado: Legislativo, Executivo e Judiciário.[149]

---

[144] CAMPOS, Francisco. *Direito Constitucional*. v. 2. Rio de Janeiro: Freitas Bastos, 1956, p. 12.

[145] Robert Alexy também fez essa distinção entre direito geral de igualdade e direitos especiais de igualdade, mas desenvolveu o estudo somente do primeiro em seu livro no Capítulo Oitavo. ALEXY, Robert. *Teoría de los Derechos Fundamentales*. Madrid: Centro de Estudios Políticos y Constitucionales, 2001, p. 381.

[146] Obviamente, o autor faz referência à Constituição portuguesa, mas tal observação também pode ser feita em relação a nossa Constituição Federal.

[147] CANOTILHO, José Joaquim Gomes. *Direito Constitucional e Teoria da Constituição*. 7 ed. Coimbra: Almedina, 2003, p. 431.

[148] No sentido de entender que o princípio vincula apenas o legislador, já que ao aplicador da lei – Poder Judiciário – incumbe apenas aplicá-la conforme determina o disposto na lei, CAMPOS, Francisco. *Direito Constitucional*. v. 2. Rio de Janeiro: Freitas Bastos, 1956, p. 18.

[149] Nesse sentido, MIRANDA, Pontes de. *Comentários à Constituição de 1946*. 3 ed. rev. e aum. Rio de Janeiro: Editor Borsoi, 1960, tomo IV, p. 312 e mencionando apenas a vinculação ao legislador e aplicador do direito, MELLO, Celso Antônio Bandeira de. *O conteúdo jurídico do princípio da igualdade*. 3 ed. atual. São Paulo: Malheiros, 2006, p. 9 e FAGUNDES, Miguel Seabra. O princípio constitucional da igualdade perante a lei e o Poder Legislativo. *Revista dos Tribunais*, ano 44, v. 235, p. 3-15. maio 1955.

Segundo Celso Antonio Bandeira de Mello, a lei não pode ser fonte de privilégios ou perseguições, mas sim, um instrumento de regulação da vida social que necessita de tratamento eqüitativo a todos os cidadãos. Este, portanto, o conteúdo político-ideológico absorvido e juridicizado pelos textos constitucionais.[150]

A igualdade que pressupõe comparação, faz surgir o seguinte questionamento: a) "Igualdad entre quiénes? y b) Igualdade en qué?".[151] Ou seja: qual o critério legítimo que autoriza distinguir pessoas e situações em diferentes grupos para fins de tratamento jurídico diverso sem agravo ao princípio constitucional?[152]

Celso Antonio Bandeira de Mello, em sua obra intitulada *O conteúdo jurídico do princípio da igualdade* encontra uma fórmula – se assim se pode dizer –, para os questioamentos feitos. O reconhecimento das diferenciações divide-se em três questões:

a) a primeira diz com o elemento tomado como fator de desigualação;
b) a segunda reporta-se à correlação lógica abstrata existente entre o fator erigido em critério de descrímen e a disparidade estabelecida no tratamento jurídico diversificado;
c) a terceira atina à consonância desta correlação lógica com os interesses absorvidos no sistema constitucional e destarte juridicizados.
Esclarecendo melhor: tem-se que investigar, de um lado, aquilo que é adotado como critério discriminatório; de outro lado, cumpre verificar se há justificativa racional, isto é, fundamento lógico, para à vista do traço desigualador acolhido, atribuir o específico tratamento jurídico construído em função da desigualdade proclamada. Finalmente, impend analisar se a correlação ou fundamento racional abstratamente existente é, *in concreto*, afinado com os valores prestigiados no sistema normativo constitucional. A dizer: se guarda ou não harmonia com eles.[153]

Enfatiza o autor que, somente a conjugação dos três aspectos é que permite a análise do problema constitucional.[154]

O fato de correlação lógica entre o critério da igualdade/desigualdade e o tratamento igual/desigual não está isenta a receber ingredientes próprios da época, absorvidos na intelecção das coi-

---

[150] MELLO, Celso Antonio Bandeira de. *O conteúdo jurídico do princípio da igualdade.* 3 ed. atual. São Paulo: Malheiros, 2006, p. 10.
[151] BOBBIO, Norberto. *Igualdad y Libertad.* Barcelona: Paidós, 1993, p. 53-54.
[152] MELLO, Celso Antonio Bandeira de. *O conteúdo jurídico do princípio da igualdade.* 3 ed. atual. São Paulo: Malheiros, 2006, p. 11.
[153] Idem, p. 21-22.
[154] Idem, p. 22.

sas.[155] Ainda, é importante observar se essa "fórmula" retrata concretamente um bem – e não um desvalor – absorvido pelo sistema normativo constitucional.[156]

Volta-se para a problemática dos servidores públicos estatutários: o tratamento jurídico distinto em razão de decisões judiciais divergentes, mesmo que integrantes de uma mesma categoria jurídica, regida por lei, macula o princípio da isonomia? A resposta a essa indagação será dada mais adiante, quando se confrontarão diversas questões e serão tecidos os devidos esclarecimentos.

---

[155] MELLO, Celso Antonio Bandeira de. *O conteúdo jurídico do princípio da igualdade*. 3 ed. atual. São Paulo: Malheiros, 2006, p. 39.
[156] Idem, p. 42.

3. Interpretação do direito, decisão judicial e o princípio da isonomia

Neste ponto, serão expostos os princípios interpretativos que informam a jurisdição ordinária, isto é, o *exame da aplicação da lei ao caso concreto*. Para fins do presente trabalho, a análise será da lei estatutária na aplicação ao servidor público estatutário detentor de cargo efetivo na Administraçao Pública Direta, autárquica e fundacional pública.

3.1. Interpretação e normas jurídicas

O Direito tem por objetivo promover a paz social, a harmonia da vida em sociedade, regulamentando as relações entre os indivíduos e entre estes e o Estado, não podendo, assim, ser meio de promoção de conflito. Todavia, em razão das divergentes interpretações possíveis de serem extraídas de uma mesma lei pelos Tribunais, pode acontecer que seja sim motivo de discordância, ainda mais quando se está a tratar de uma mesma categoria – no caso, dos servidores públicos estatutários – cuja situação jurídica reclama uniformidade nas decisões.

Brevemente, convém contextualizar a *lei* dentro do sistema jurídico brasileiro, já que, justamente, em função da composição deste é que surge a possibilidade da diversidade de decisões judiciais.

Juarez Freitas define sistema jurídico como

> [...] uma rede axiológica e hierarquizada topicamente de princípios fundamentais, de normas estritas (ou regras) e de valores cuja função é a de, evitando ou superando

antinomias em sentido lato, dar cumprimento aos objetivos justificadores do Estado Democrático, assim como se encontram consubstanciados, expressa ou implicitamente, na Constituição.[157]

Assim, o sistema jurídico é formado por princípios, regras e valores, como já comentado no capítulo anterior.[158] A *lei*,[159] inserida nessa concepção de sistema jurídico, quando da sua interpretação, receberá influência dos princípios, das regras e dos valores do sistema, os quais poderão entrar em conflito com os princípios, as regras e os valores que aquela *lei* preconiza. Dessa forma, denota-se que desses eventuais enfrentamentos dos componentes do sistema jurídico emergem diversas soluções proferidas pelos Tribunais, as quais podem gerar na prática *aparentes contradições*,[160] em razão das inúmeras interpretações possíveis.

A interpretação cabe ao intérprete e, aqui interessa, o intérprete que resolve os conflitos judiciais, que é o juiz.[161] É com base nesse enfoque que agora se passa a expor.

Ensina Carlos Maximiliano que a interpretação é aplicação da hermenêutica, e esta, por sua vez, é a teoria científica da arte de interpretar.[162] E continua o autor, explicando que *"interpretar* é explicar, esclarecer; dar o significado de vocábulo, atitude ou gesto; reproduzir por outras palavras o pensamento exteriorizado".[163]

---

[157] Esclarece o autor que o termo "rede" é usado em analogia ao funcionamento das conexões neuronais – considerando o cérebro –, uma vez que o sistema jurídico "funciona" por inteiro, mesmo quando as atividades são concentradas em apenas uma parte. Mas adverte que não se deve superestimar essa comparação. FREITAS, Juarez. *A interpretação sistemática do direito*. 4 ed. rev e ampl. São Paulo: Malheiros, 2004, p. 54 – 56. Ampliando o conceito de sistema jurídico, incluindo as interpretações possíveis em face das normas e valores, PASQUALINI, Alexandre. *Hermenêutica e Sistema jurídico: uma introdução à interpretação sistemática do direito*. Porto Alegre: Livraria do Advogado, 1999, p. 54.
[158] Para diferenciação entre princípios e regras, vide ponto 2.1.
[159] Entenda-se *lei* como aquela proveniente do Poder Legislativo de cada ente da Federação.
[160] Diz-se "aparentes contradições", uma vez que o sistema jurídico tolera decisões judiciais divergentes, gerando conflito apenas no âmbito prático, social, e não, *a priori*, no âmbito jurídico.
[161] Podendo-se utilizar como sinônimo magistrado ou Tribunal (is).
[162] MAXIMILIANO, Carlos. *Hermenêutica e Aplicação do Direito*. 17 ed. Rio de Janeiro: Forense, 1998, p. 1.
[163] Idem, p. 9.

Alexandre Pasqualini leciona que "compreender é interpretar".[164] Nesse mesmo sentido, mas de forma mais específica com relação à atividade judicial, Lenio Luiz Streck vem esclarecer que o juiz somente decide o caso porque antes já o compreendeu, ou seja, a compreensão é pressuposto para a interpretação e a fundamentação que conduz à decisão corresponde ao modo de explicação do conhecimento, adquirido a partir da compreensão. Ocorre que a compreensão pelo juiz reflete o seu modo de ser, ou seja: a fundamentação que conduz à decisão é apenas o resultado do *sentido*[165] do texto, o qual se dá a partir do modo de ser no mundo no qual está inserido o intérprete. Dessa forma, não há uma verdade absoluta quando se refere à interpretação a verdade é a de cada um (sujeito individualmente considerado), uma vez que a interpretação leva em consideração o modo de ser, as experiências, o contexto em que cada um está inserido, além das pré-compreensões.[166] E isso tudo muda de pessoa para pessoa e, portanto, de juiz para juiz.[167] Então, não há para a hermenêutica a busca de uma verdade, eis que inexistente. Percebe-se o enfoque de Lenio Luiz Streck voltado à análise do caso concreto,[168] com o diferencial da visão do intérprete; enquanto que Carlos Maximiliano é voltado à extração do sentido do texto da norma, admitindo a busca pelo sentido exato, correto,[169] enxergando o intérprete como mero *extrator* de sentido *já existente*.

---

[164] PASQUALINI, Alexandre. *Hermenêutica e Sistema jurídico*: uma introdução à interpretação sistemática do direito. Porto Alegre: Livraria do Advogado, 1999, p.17.

[165] No sentido mesmo de *sentir, sentimento*, que é peculiar a cada indivíduo.

[166] STRECK, Lenio Luiz. Hermenêutica (jurídica): compreendemos porque interpretamos ou interpretamos porque compreendemos? Uma resposta a partir do *Ontological Turn*. Anuário do Programa de Pós-Graduação em Direito. São Leopoldo, p. 223-271, 2003.

[167] Como já amplamente conhecido: "cada cabeça, uma sentença".

[168] Explica que a "'situação concreta' jamais é perceptível objetificadamente, pela seguinte razão: o intérprete dela faz parte", STRECK, Lenio Luiz. Hermenêutica (jurídica): compreendemos porque interpretamos ou interpretamos porque compreendemos? Uma resposta a partir do *Ontological Turn*. Op. cit., p. 223-271, 2003.

[169] Sustenta o autor que cabe ao intérprete buscar na norma, a qual, formada por palavras, as quais possuem diversas acepções, muitas vezes, inclusive divergentes, fixar uma solução definitiva, lúcida, precisa, determinar o sentido exato, MAXIMILIANO, Carlos. *Hermenêutica e Aplicação do Direito*. 17 ed. Rio de Janeiro: Forense, 1998, p. 16.

João Baptista Herkenhoff formula sua teoria de aplicação do Direito a partir de três perspectivas: axiológica, fenomenológica e sociológica.[170] Enfatiza que é importante a presença simultânea daquelas três quando da aplicação ao caso concreto e explica cada uma delas: a) *perspectiva axiológica* é importante e indissociável da atividade judicial, uma vez que o juiz é portador de valores,[171] com os quais sempre acaba por impregnar suas sentenças;[172] b) *perspectiva fenomenológica* exige que o juiz tente se colocar no lugar do jurisdicionado, na sua forma individual de ser, com o objetivo de alcançar suas razões que o levaram à prática ou abstenção de determinada conduta;[173] c) *perspectiva sociológica* exige que o juiz se insira no contexto da sociedade, considerando seus avanços, suas necessidades, seu senso de justiça. Para tanto, esclarece sua importância:

> A aplicação sociológica-política pode estabelecer uma maior aproximação entre o Direito e o fato social. Pode minimizar a tensão entre o Direito estatal e o Direito

---

[170] HERKENHOFF, João Baptista. *Como aplicar o direito.* 10 ed. rev., ampl. e atual. de acordo com a Constituição de 1988 e leis posteriores. Rio de Janeiro: Forense, 2005, p. 81.

[171] No mesmo sentido, entende Plauto Faraco de Azevedo que "No desempenho de sua função, não deixa de ser homem e nem pode abandonar sua formação pessoal", AZEVEDO, Plauto Faraco de. Juiz e direito rumo a uma hermenêutica material, *Ajuris*, v.15, n. 43, p. 30-45, jul. 1988.

[172] O autor faz referência ao art. 5º da LICC que dispõe que deve o juiz, na aplicação da lei, atender às exigências últimas e gerais do bem comum, abrindo a porta para "o caminho para a crítica valorativa das normas jurídicas pelo juiz, uma vez que a própria percepção do *bem comum* é uma percepção axiológica", HERKENHOFF, João Baptista. *Como aplicar o direito.* 10 ed. rev., ampl. e atual. de acordo com a Constituição de 1988 e leis posteriores. Rio de Janeiro: Forense, 2005, p. 92. Compartilhando do mesmo entendimento, relativamente à questão de interpretar a lei buscando a finalidade e a utilidade social, reforça o cunho cívico e vivificador da atividade interpretativa, SILVEIRA, Alípio. A valorização político-social na hermenêutica contemporânea. *Revista dos Tribunais*, São Paulo, v. 57, n. 1, p. 170-183, jan.-fev. 1958.

[173] Exemplifica o autor com o seguinte caso: "Se o indivíduo que vai ser julgado furtou o toca-fitas de um carro, quebrando o vidro do veículo, e o magistrado enquadra sua conduta como delituosa – tipificada pelo art. 155, § 4, inc. I, do Código Penal (furto qualificado) –, estará vendo o indivíduo como a lei o descreve. Não ingressou ainda no campo fenomenal. Mas se, ao interrogar o acusado, o juiz procura pesquisar sua vida, seu mundo, suas circunstâncias, se busca, a partir dele, compreender o ato que praticou, se desce a suas motivações, aí então, e só aí, estará entrando no campo fenomenal. O indivíduo que está sendo julgado é uma matriz de percepções e sentimentos: o julgador vê os motivos que operam nele", HERKENHOFF, João Baptista. *Como aplicar o direito.* 10 ed. rev. ampl. e atual. de acordo com a Constituição de 1988 e leis posteriores. Rio de Janeiro: Forense, 2005, p. 98.

social, reduzir o abismo entre os símbolos do legislador e os do povo, contemplar a multiplicidade de culturas, dentro do Brasil. Tudo isso, contribuirá para a segurança do Direito, segurança, contudo, em favor de todos, e não apenas em favor de alguns.[174]

Umberto Eco defende a *superinterpretação*, ou seja, não importa a intenção do autor do texto[175] – e no caso presente, deve-se entender o texto como disposições normativas –, mas sim, a *intenção do texto*. Segundo o autor, "Temos de respeitar o texto, e não o autor".[176] É como se o texto tivesse vida própria. Em outras palavras: o texto seria produzido de uma forma que possibilitasse diversas interpretações, as quais seriam feitas pelo leitor/intérprete. Corresponderia o texto a um esboço, escrito em termos genéricos, a ponto de permitir essa diversidade de interpretações. E o autor do texto nada poderia fazer, no sentido de considerar a interpretação equivocada, já que sua visão em nada importa.

Juarez Freitas defende a teoria de que não há uma única resposta jurídica correta, ou seja, há inúmeras, a partir da *interpretação sistemática do Direito*.[177] Todavia, enfatiza a necessidade de se buscar a melhor resposta jurídica.[178] Considerando que para o autor inter-

---

[174] HERKENHOFF, João Baptista. *Como aplicar o direito*. 10 ed. rev. ampl. e atual. de acordo com a Constituição de 1988 e leis posteriores. Rio de Janeiro: Forense, 2005, p. 114-115.
[175] No caso seria a busca da intenção do legislador, cuja interpretação já é ultrapassada e não deve ser mais priorizada, tanto que proferiu a seguinte crítica: "A vontade do legislador não será a da maioria dos que toma parte na votação da norma positiva; porque bem poucos se informam, com antecedência, dos termos do projeto em debate; portanto, não podem querer o que não conhecem", MAXIMILIANO, Carlos. *Hermenêutica e Aplicação do Direito*. 17 ed. Rio de Janeiro: Forense, 1998, p. 24.
[176] ECO, Umberto. *Interpretação e superinterpretação*. São Paulo: Martins Fontes, 2001, p. 77.
[177] Nas palavras de Juarez Freitas: "a interpretação sistemática deve ser entendida como uma operação que consiste em atribuir, topicamente, a melhor significação, dentre várias possíveis, aos princípios, às normas estritas (ou regras) e aos valores jurídicos, hierarquizando-os num todo aberto, fixando-lhes o alcance e superando antinomias em sentido amplo, tendo em vista bem solucionar os casos sob apreciação", FREITAS, Juarez. *A interpretação sistemática do direito*. 4 ed. rev e ampl. São Paulo: Malheiros, 2004, p. 80.
[178] No mesmo sentido, Alexandre Pasqualini explica que a *melhor interpretação* não pressupõe a única correta, mas sim, a variedade e, portanto, a escolha. "Em outros termos, a busca da melhor interpretação conserva-se ligada ao insuprimível princípio da pluriinterpretabilidade do sistema". PASQUALINI, Alexandre. *Hermenêuti-*

pretar é hierarquizar axiologicamente os princípios, regras e valores constantes do sistema jurídico,[179] essa forma de hierarquização não é prévia, sendo formada a partir da solução encontrada pelo intérprete para o caso concreto (análise tópica). Como há a intermediação do intérprete para a aplicação do Direito, inúmeras são as possibilidades de ponderação axiológica, sendo todas *a priori* cabíveis, desde que a resposta preconize uma solução *constitucionalista*, e não *legalista*[180] e, além disso, seja bem fundamentada e coerente com as hierarquizações da sociedade. Por fim, a melhor resposta jurídica deve ser sempre pretendida pelo intérprete, considerando que a interpretação *proporcional* seria a melhor, uma vez que sacrifica o mínimo para efetivar ao máximo os direitos.[181]

A interpretação sistemática preconizada por Juarez Freitas acaba voltada e tendo por fim último a observância das normas e dos valores da Constituição Federal, podendo-se concluir, portanto, que "sendo sistemática, toda exegese há de ser, também, interpretação constitucional, uma vez que a carta não apenas integra o sistema, mas serve de integrativo estatuto da ordem jurídica".[182]

A crítica que se pode fazer à teoria de Umberto Eco é no sentido de este ignorar a figura do intérprete, que como muito bem exposto por Juarez Freitas, atua realizando uma "*mediação aperfeiçoadora* ao tentar construir decisões sincrônicas com o sistema e com a socieda-

---

ca e Sistema jurídico: uma introdução à interpretação sistemática do direito. Porto Alegre: Livraria do Advogado, 1999, p. 49.
[179] "Hierarquizar princípios, regras e valores constitucionais sem permitir a quebra dos princípios – eis a tônica da interpretação tópico-sistemática", FREITAS, Juarez. A melhor interpretação constitucional "versus" a única resposta correta. In: SILVA, Virgílio Afonso da (Org.). *Interpretação Constitucional*. São Paulo: Malheiros, 2005, p. 317 – 388, principalmente, p. 320.
[180] FREITAS, Juarez. A melhor interpretação constitucional "versus" a única resposta correta. In: SILVA, Virgílio Afonso da (Org.). *Interpretação Constitucional*. São Paulo: Malheiros, 2005, p. 317 – 388. Advertindo o autor que deve o intérprete vincular a sua interpretação mais aos princípios fundamentais do ordenamento jurídico do que ao texto legislado fugaz e episódico, FREITAS, Juarez. *A interpretação sistemática do direito*. 4 ed. rev e ampl. São Paulo: Malheiros, 2004, p. 63-64.
[181] FREITAS, Juarez. A melhor interpretação constitucional "versus" a única resposta correta. In: SILVA, Virgílio Afonso da (Org.). *Interpretação Constitucional*. São Paulo: Malheiros, 2005, p. 317 – 388.
[182] Idem, ibidem.

de, sem adotar solução *contra legem*".[183] Assim, é a visão do juiz/intérprete que importa quando da aplicação do caso concreto. Não há como objetivar a leitura normativa quando o leitor é naturalmente subjetivo.[184] Assim, importante reconhecer o papel do intérprete/juiz, "na geração da identidade e na decifração do sistema".[185]

Não se pode olvidar que deve haver limites relativamente às diversas possibilidades de interpretação, no sentido de que não é qualquer interpretação, ao bel-prazer do julgador, que pode ser aceita. Segundo Alexandre Pasqualini, "A ronda infindável das interpretações – no centro das quais orbitam a sociedade, o legislador, o juiz e o administrador público – rejeita os extremos absolutos da liberdade indomável (subjetivismo) e da necessidade invencível (objetivismo)".[186] Tudo isso, ainda, observado e, em consonância – com os princípios e os valores preconizados pelo sistema jurídico.

As interpretações realizadas pelo intérprete-juiz podem vir expostas tanto nas decisões judiciais proferidas pelos juízes de primeiro e segundo graus, quanto pelos Tribunais Superiores (STF/STJ). É sabido que para tentar obter a interpretação desses Tribunais, o recurso cabível deve preencher alguns pressupostos – que não convém aqui citar – para assim ser recebido e conhecido. Importante fazer essa referência, uma vez que durante a vigência da Constituição Federal de 1946, o STF firmou entendimento de que não conhecia (nos termos da época: *"não autorizava"*) a interposição de recurso extraordinário, desde que a interpretação dada à lei pelos Tribunais fosse *razoável*, ainda que *não fosse a melhor*. Esse posicionamento do Tribunal Superior resultou na Súmula 400, cujo enunciado versa: "Decisão que deu razoável interpretação à lei, ainda que não seja a melhor, não autoriza recurso extraordinário pela letra *a* do art. 101, III, da Constituição Federal".[187]

---

[183] FREITAS, Juarez. *A interpretação sistemática do direito*. 4 ed. rev e ampl. São Paulo: Malheiros, 2004, p. 69.
[184] No sentido de ser *interno àquele indivíduo*, mas não de todos indistintamente.
[185] FREITAS, Juarez. A melhor interpretação constitucional "versus" a única resposta correta. In: SILVA, Virgílio Afonso da (Org.). *Interpretação Constitucional*. São Paulo: Malheiros, 2005, p. 317 – 388.
[186] PASQUALINI, Alexandre. *Hermenêutica e Sistema jurídico: uma introdução à interpretação sistemática do direito*. Porto Alegre: Livraria do Advogado, 1999, p. 55-56.
[187] O art. 101, inciso III da Constituição Federal de 1946 tinha a seguinte redação: Art 101 – Ao Supremo Tribunal Federal compete:
(...)

Essa Súmula[188] foi criticada, principalmente pela negativa de revisão interpretativa pelo STF, o qual compete legitimadamente manifestar-se.[189] Todavia, urge atentar-se para o expresso reconhecimento pela Súmula das diversas decisões judiciais, mesmo com trânsito em julgado, acerca das inúmeras interpretações de uma mesma lei, desde que seja *razoável* a interpretação. Mas o que se pode entender por *razoável*?

Luis Recanséns Siches trata da idéia do razoável da seguinte forma: na interpretação do Direito não se usa a lógica tradicional, da matemática, mas sim, uma lógica diferenciada, que é a *lógica do razoável* (lógica de *lo razonable*).[190] E explica:

> El hecho físico es explicable, pero no es inteligible. No es inteligible, no se le puede comprender, porque *no tiene un sentido*; es un hecho bruto, que está ahí, pero que no dice nada como tal hecho físico. Lo explicamos, cuando conseguimos establecer su génesis y filiación causales. Eso es todo, y no hay más.[191]

III – julgar em recurso extraordinário as causas decididas em única ou última instância por outros Tribunais ou Juízes:
a) quando a decisão for contrária a dispositivo desta Constituição ou à letra de tratado ou lei federal;

[188] Importante mencionar que em pesquisa feita junto ao *site* do STF encontraram-se apenas três referências relativamente recentes à Súmula 400 proferidas em decisões monocráticas em Agravo de Instrumento interpostos contra decisões que inadmitiram Recurso Extraordinário: AI 163521 / RJ, data de julgamento 22/10/2004; AI 477912 / DF, data de julgamento 12/11/2003 e AI 171913 / RS, data de julgamento 15/08/2000. Disponível em: <http://www.stf.gov.br/portal/jurisprudencia/listarJurisprudencia.asp?s1="sumula%20400"%20NAO%20S.PRES.&base=baseMonocraticas>. Acesso em: 12 out. 2007.

[189] "A norma tem caráter objetivo e a sua interpretação, quando submetido ao Judiciário, terá que resultar objetiva, também parecendo-nos defeso possa ser declarado o reconhecimento jurídico de interpretações razoáveis, sumamente subjetivas, ambas a gerar direitos, certamente não coincidentes na plenitude, e eventualmente até conflitantes. E, na esteira dessa possibilidade, cujo reconhecimento vem expresso na súmula citada, o que ressuma como de maior gravidade é o fato declarado de o STF se abster de conhecer recurso extraordinário contra uma decisão que dá à norma uma interpretação que não é a melhor e que, portanto, juridicamente, não é a correta ou legítima. Abdica, nesse ponto, de forma inarredável, de sua função imanente que é a de dar a certeza jurídica a respeito da interpretação de lei em matéria constitucional". NOWILL, Hubert Vernon L. Recurso Extraordinário – prequestionamento (Súmulas ns. 282 e 356 do STF – interpretação razoável da lei (Súmula n. 400). *Revista dos Tribunais*, v. 480, ano 64, p. 245-250, out. 1975.

[190] SICHES, Luis Recanséns. *Nueva filosofia de la interpretación del Derecho*. México: Fondo de Cultura Economica, 1956, p. 29.

[191] Idem, p. 135.

Conclui o autor que a diferença entre os fenômenos da natureza e os produtos humanos é o fato de este possuir sentido.[192] A lógica tradicional é meramente enunciativa do ser e do não-ser e não contém pontos de vista de valor nem estimações sobre a correção dos fins, nem sobre a congruência entre meios e fins, e muito menos sobre a eficácia dos meios em relação com um determinado fim.[193] Assim, a lógica tradicional não proporciona a solução *correta* ao problema, ao contrário, eis que há outros raciocínios/argumentos (*razonamientos*) que fornecem o modo correto de resolver o problema.[194]

Ainda, Luis Recanséns Siches acredita na busca da resposta correta a partir da lógica do razoável,[195] ou seja, podem ter *razões* que superam a aplicação de uma norma, por exemplo, quando as conseqüências não seriam justas ao caso. Então, o "que nos hace encontrar lo que buscamos, la solución correcta, la solución justa, es la *razón* aplicable al caso; es la *razón* que nos permite dominar el problema".[196] Em suma: resume-se numa atividade de valoração pelo juiz, mas desde que dentro dos limites estabelecidos pelo ordenamento jurídico.[197]

E nesse contexto: é *razoável* que, a partir de interpretações diversas proferidas em ações distintas, uma mesma *categoria de servidores públicos estatutários* recebam tratamento jurídico diverso? Em outras palavras: é *razoável* que se reconheçam direitos a uns servidores públicos estatutários, e não a outros, apesar de estarem subordinados ao mesmo regramento e de possuírem, legalmente, os mesmos direitos? Essa interpretação coaduna-se com a Constituição Federal?

---

[192] SICHES, Luis Recaséns. *Nueva filosofia de la interpretación del Derecho*. México: Fondo de Cultura Económica, 1956, p. 135.
[193] Idem, p. 157.
[194] Idem, p. 129.
[195] "Nuestra mente se debate en torno a un problema de hallar lo *correcto*", Idem, p. 129.
[196] Idem, p. 130.
[197] A função judicial produz valorações ou estimações. Isso não quer dizer que sejam critérios axiológicos pessoais do juiz, pelo contrário, no mais das vezes, e assim que deve ser, o juiz emprega como critérios valores precisamente das pautas axiológicas consagradas no sistema jurídico, e trata de interpretar esses cânones estabelecidos pela ordem jurídica pondo-os em relação com a situação concreta. Segundo, Idem, p. 226.

Acredita-se que, no caso específico dos servidores públicos estatutários, *razoável* é aquela interpretação que valha para toda a categoria de modo uniforme, igualando-os em direitos e deveres, eis que situados numa mesma situação jurídica. Essa razoabilidade exige bom-senso. Não se deve adjetivar aqui a interpretação da lei, no caso da legislação estatutária, como *verdadeira* ou *falsa*, eis que, como visto o juiz ao interpretar não tem como afastar-se de seus valores pessoais, da concepção que ele mesmo tem do Direito, bem como do modo como enxerga a sociedade, tudo isso, obviamente, tendo por limites os valores, princípios e regras constitucionais. Assim dentro dos limites referidos, acaba que a interpretação pode não ser a *melhor* (se é que esse grau pode ser auferido), mas é a única que valerá para o caso julgado, e assim será considerada a correta.

O Poder Judiciário, no desempenho de sua função, deve pretender acabar com o conflito, e não suscitá-lo. Para tanto, deve ter ciência de que todas as suas decisões têm reflexos na sociedade e, no caso dos servidores públicos estatutários, esse reflexo é visto com maior clareza, pela própria abrangência da categoria.[198]

Uma das formas encontradas pelo legislador a fim de evitar decisões judiciais divergentes relativas a números (in)determinados de pessoas, foi a tutela coletiva. Nesse caso, qualquer que seja a decisão proferida, ou seja, independentemente da interpretação da lei estatutária feita pelo juiz numa ação coletiva, mas desde que esteja em harmonia com a Constituição Federal, é a que deve preponderar. O acolhimento do resultado pelos jurisdicionados é mais pacífico,

---

[198] Apenas a título de exemplo, em face da atualidade e do amplo conhecimento por parte da sociedade e, por se tratar de direito coletivo *stricto sensu* (uma vez que os integrantes do grupo encontram-se vinculados entre si pela circunstância de possuírem, previamente aos fatos, uma caderneta de poupança) traz-se à baila o caso das ações coletivas ajuizadas para cobrança da diferença de correção monetária nas cadernetas de poupança em decorrência dos Planos Econômicos do Governo. Conhecedor das inúmeras ações individuais propostas com o mesmo objeto, a fim de se evitarem decisões contraditórias, foi *determinado de ofício* pelos Juízos de primeiro grau a suspensão de tais feitos, até o resultado definitivo da ação coletiva – em total afronta ao art. 104 do CDC. Isso porque, mesmo que não se admita litispendência entre as ações, eventual resultado divergente, para o jurisdicionado, somente vem a gerar sentimento de insatisfação, injustiça e descrédito por parte do Poder Judiciário. Maiores informações acerca das referidas ações coletivas: no site do TJRS. Disponível em: <http://www.tj.rs.gov.br/proc/custas/planos.php?PHPSESSID=202a1168fc18a7f3cb36082b6761676f>. Acesso em: 10 nov. 2007.

despertando nestes um sentimento de justiça, no sentido de que o mesmo tratamento será dado a todos que estiverem sob as condições tuteladas. Em outras palavras: trata igualmente quem está em igual situação jurídica. Essa solução apresenta-se *razoável* e, sendo razoável, como a adequada[199] e a correta para o caso dos servidores públicos estatutários.

Ressalte-se que com base neste pensamento não se está a opor-se e nem a ignorar as teorias, como a de Juarez Freitas, a de João Baptista Herkenhoff que acabam por ressaltar a importância da atividade do intérprete e das diversas interpretações legais em casos isolados, tópicos, que convém, inclusive, que sejam assim tratados. Na problemática trazida, no caso dos servidores públicos estatutários, a dimensão do direito tutelado, não é individual, é coletiva e, além disso, a categoria é titular dos direitos que decorrem naturalmente da lei (desde a criação do cargo, por exemplo, até seu estatuto) e, nessa situação, não convém decisões divergentes, mas uma única, razoável, adequada e em perfeita harmonia com a Constituição Federal.

Afastando-se da parte mais teórica da interpretação, veja-se como esta funciona na práxis forense.

3.2. Interpretação e decisões judiciais

A atividade interpretativa é inerente à existência de uma ordem jurídica. Essa ordem jurídica, não se limita a prescrever disposições normativas de forma exaustiva e descritiva, mas sim de forma genérica[200] e abstrata.[201] Em razão dessa característica normativa, surge,

---

[199] Luís Virgílio Afonso da Silva traça a diferenciação entre proporcionalidade e razoabilidade. A exigência de *razoabilidade*, para o autor, esgota-se no exame da compatibilidade entre meios e fins, que em verdade, corresponderia ao exame do primeiro elemento do princípio da proporcionalidade. SILVA, Luís Virgílio Afonso da. O proporcional e o razoável. *Revista dos Tribunais*, ano. 91, v. 798, p. 23-47, abr., 2002. Sobre o princípio da proporcionalidade, remeta-se o leitor para o ponto 5.1 do presente trabalho.

[200] Genérica no sentido de impessoal, a fim de incidir sobre qualquer relação ou indivíduo que a contrariar, abrangendo assim, a generalidade das pessoas.

[201] Abstrata no sentido de não prever especificadamente uma situação ou relação jurídica já ocorrida – *pos factum* –, mas sim de forma a regular as situações ou relações futuras indistintamente que se enquadrarem na descrição normativa.

como já salientado, a importância do intérprete: "são os intérpretes que fazem o sistema sistematizar e, por conseguinte, o significado significar".[202] O sentido e o alcance das normas, portanto, somente serão fornecidos pelo intérprete-juiz, quando chamado a aplicar o Direito.

Então, quando o julgador decide um caso concreto não especificado na norma, os denominados *hard cases*, somente conseguirá resolvê-lo, utilizando-se da hermenêutica,[203] buscando a resposta dentro do sistema jurídico.[204]

Atento às constantes necessidades sociais de tutela, em razão do rápido desenvolvimento das relações humanas, sem o exato acompanhamento legislativo,[205] cujas situações ficariam imprevistas pelo legislador, Carlos Maximiliano comentou que:

> Por mais hábeis que sejam os elaboradores de um Código, logo depois de promulgado surgem dificuldades e dúvidas sobre a aplicação de dispositivos bem redigidos. Uma centena de homens cultos e experimentados seria incapaz de abranger em sua visão lúcida a infinita variedade dos conflitos de interesses entre os homens. Não perdura o acordo estabelecido, entre o texto expresso e as realidades objetivas. Fixou-se o Direito Positivo; porém a vida continua, evolve, desdobra-se em atividades diversas, manifesta-se sob aspectos múltiplos: morais, sociais, econômicos.[206]

Nesse contexto, é importante ter-se em mente que o Direito não se esgota numa regra abstrata, sendo este apenas um dos componentes do sistema jurídico. Essa gama de interpretações que podem

---

[202] PASQUALINI, Alexandre. *Hermenêutica e Sistema jurídico: uma introdução à interpretação sistemática do direito*. Porto Alegre: Livraria do Advogado, 1999, p. 23.

[203] A hermenêutica serve de ponte integradora entre o dever-ser legal e o acontecer jurídico, segundo entendimento de PASQUALINI, Alexandre. *Hermenêutica e Sistema jurídico*. Op. cit., p. 23.

[204] Seriam os chamados *hard cases*, que corresponde, àqueles casos não previstos em lei, os quais exigiriam do juiz uma atividade criativa obtida dentro dos limites do sistema jurídico. Nesse sentido, é a observação de WAMBIER, Teresa A. Alvim. *Controle das decisões judiciais por meio de recursos de estrito direito e de ação rescisória: recurso especial, recurso extraordinário e ação rescisória: o que é uma decisão contrária à lei?* São Paulo: Revista dos Tribunais, 2001, p. 104 e 121.

[205] O que não significa que aqui se está a advogar no sentido de se ter legislação para todas essas necessidades, pois sem tal previsão, estas ficariam sem tutela. O argumento é utilizado para fins meramente didático.

[206] MAXIMILIANO, Carlos. *Hermenêutica e Aplicação do Direito*. 17 ed. Rio de Janeiro: Forense, 1998, p. 11-12.

ser extraídas do sistema jurídico é o que possibilita a existência de pluriinterpretações.

Todavia, no mesmo sentido que a sociedade tornou-se mais complexa, exigindo maior atividade hermenêutica dos julgadores, o caso dos servidores públicos estatutários, pelo contrário, não é nada complexo: seu direito está ou não previsto na lei (estatuto). A atividade interpretativa, portanto, é restrita. O reconhecimento dos seus direitos não decorre da análise de matéria fática, mas sim, exclusivamente de matéria de direito. E por essa razão, lei que é geral e uniforme a toda a categoria. Não se pode ignorar que as divergências nas decisões nessas matérias decorrem de questões políticas, ideológicas, entre outras que, como já se expôs no ponto anterior, é perfeitamente possível, desde que tal interpretação esteja fundamentada e não afronte a Constituição Federal.

Pode-se dizer que, até final dos anos 90, não era dada a devida importância ao processo coletivo, principalmente em termos de prática forense e, portanto, admitia-se com maior facilidade a divergência de decisões, mesmo no caso dos servidores públicos estatutários, uma vez que, a tutela jurisdicional era exercida substancialmente por meio das ações individuais. Mesmo inconformados com os resultados contrapostos, por exercerem *um a um* seu direito de ação, maior o grau de aceitabilidade daquela desconformidade. Melhor explicando: imagine, por exemplo, que tenham sido propostas inúmeras ações (e aqui se entenda como ações individualmente propostas) e, uma vez decididas por juízes diferentes, mas igualmente competentes para julgamento da causa, decidem de forma divergente: para o mesmo direito pleiteado, um juiz julgou procedente o pedido de um servidor público estatutário e um outro julgou improcedente – em decorrência das diferentes interpretações da mesma lei.

Com o tempo, o processo coletivo tomou "corpo", passou a ser mais explorado na prática forense, no sentido de se buscar a tutela coletiva dos direitos coletivos *stricto sensu* por meio das ações coletivas. Nesse sentido, os direitos dos servidores públicos estatutários que eram, primordialmente, tutelados por meio das ações individuais, passaram a ser tutelados por meio das ações coletivas, em razão da natureza *transindividual e indivisível*, exigindo, a partir dessa constatação, uniformidade de tratamento – a qual somente pode ser alcançada pela via da ação coletiva. Essa prática gerou e continua gerando conflito de decisões, não apenas no plano prático, mas também no plano jurídico. Se se conseguir assimilar a natureza do direito do servidor público estatutário, quando se tratar de questões essencialmente coletivas,[207] estar-se-á conferindo a adequada tutela

---

[207] Tem-se percebido o equívoco por parte de nossos Tribunais em admitir os direitos dos servidores públicos estatutários, como direitos coletivos *stricto sensu*, estando aqueles considerando estes como *direitos individuais homogêneos*. Para tanto, citem-se:
STJ. REsp 691987 / RS, Ministro Arnaldo Esteves Lima, Quinta Turma, data do julgamento 10/05/2007, DJ 28.05.2007 p. 390. Processual Civil. Administrativo. servidor público federal. Reajuste. 28,86%. Prescrição das parcelas anteriores a 19/2/93. Não-ocorrência. Leis 8.622/93 e 8.627/93. Efeitos financeiros retroativos a 1º/1/93. Ação coletiva. sindicato. legitimidade para executar a sentença. violação ao art. 535 do CPC. Não-ocorrência. Fundamentos suficientes a embasar a decisão. Precedentes. Recurso especial conhecido e provido. 1. Conforme previsto no art. 535 do CPC, os embargos de declaração têm como objetivo sanar eventual obscuridade, contradição ou omissão existentes na decisão recorrida. Não há omissão quando o Tribunal de origem pronuncia-se de forma clara e precisa sobre a questão posta nos autos, assentando-se em fundamentos suficientes para embasar a decisão. 2. As Leis 8.622/93 e 8.627/93, as quais concederam o reajuste de 28,86% aos militares, foram editadas em 19/2/93, mas seus efeitos financeiros retroagiram a 1º/7/93, nos termos do art. 7º da Lei 8.622/93. Assim, ajuizada a presente ação em 19/2/98, inexistem parcelas atingidas pela prescrição, porquanto a violação do direito dos servidores públicos civis ocorreu em 19/2/93, com a edição dos supramencionados diplomas legais, os quais tiveram efeitos retroativos a 1º/1/93, que devem, portanto, ser estendidos aos filiados do recorrente. 3. O Superior Tribunal de Justiça já decidiu no sentido de reconhecer a legitimidade do ente sindical para promover a liquidação e execução de sentença proferida em ação coletiva visando a defesa de *interesses individuais homogêneos*. 4. Recurso especial conhecido e provido. (grifo meu);
STJ, REsp 673380/RS. Processual Civil e Administrativo. Servidores públicos federais, Ministra Laurita Vaz, Quinta Turma, data do julgamento 19/05/2005, data da publicação: DJ 20.06.2005 p. 360. Adicional de tempo serviço. Ação coletiva ajuizada por sindicato. Execução. Honorários advocatícios. Cabimento. sentenças proferidas em sede de Ação Civil Pública e Ação de Classe. Descabimento. 1. A atual sistemática do processo executivo das sentenças proferidas em sede de ações coletivas é estabelecida pelas disposições contidas no Código de Defesa do Consumidor, na Lei da Ação Civil Pública e no Código de Processo Civil, sendo imprescindível o enquadramento do direito pleiteado, em uma das seguintes classes: difusos, coletivos ou individuais homogêneos. 2. *É insofismável a natureza individual homogênea do direito dos Servidores Públicos a determinado reajuste de vencimentos, vantagem ou adicional remuneratórios, pois, em regra, este se origina de uma disposição legal, aplicável a todos indistintamente, razão pela qual podem ser tutelados judicialmente de forma global, não obstante a possibilidade de ser pleiteado individualmente.* 3. É pacífico, na doutrina e na jurisprudência, em face da regra contida no art. 95 do CDC, que, nos casos de procedência das ações coletivas de tutela de interesses individuais homogêneos, a

ao direito posto em causa, tanto em termos infraconstitucionais (a partir do respeito ao estatuto da categoria, do conceito de direito coletivo *stricto sensu*), bem como em termos constitucionais (a partir do respeito à isonomia e do acesso à justiça).[208]

Dessa forma, não se pode fechar os olhos para essa situação criada por força do conflito de decisões divergentes nas duas esferas: individual e coletiva, reclamando, portanto, solução compatível com a natureza do direito, suas particularidades e normas regentes.

A partir do exposto, percebe-se a criação do seguinte impasse: dois servidores públicos estatutários, que integram a mesma categoria, regrados pela mesma lei, tratados de forma diferente, apesar de ocuparem a mesma situação jurídica, pela possibilidade das pluriinterpretações dentro do sistema jurídico. Será que, nesse caso específico dos servidores públicos estatutários, é possível esse tratamento desigual dado pelos Tribunais? E pior: no caso do julgamento de uma ação individual de improcedência e julgamento de procedência de ação coletiva, cujo objeto é idêntico em ambas as ações, como fica aquele indivíduo que assiste a toda a categoria ser beneficiada e, somente ele, não ser?

As leis são criadas/alteradas, na maioria de suas vezes, por questões políticas, ainda mais quando se está a pensar numa modificação do estatuto do servidor público estatutário, com relação,

---

condenação será genérica, fixando a responsabilidade do réu pelos danos causados. 4. A execução de sentença genérica de procedência, proferida em sede de ação coletiva lato sensu – ação civil pública ou ação coletiva ordinária –, demanda uma cognição exauriente e contraditório amplo sobre a existência do direito reconhecido na ação coletiva, a titularidade do credor, a individualização e o montante do débito Precedentes. 5. A execução da tutela coletiva, ajuizadas por Sindicato, na defesa dos interesses dos membros da categoria que representa, não difere da execução de sentença proferida em sede de ação civil pública, quando esteja sendo tutelado direito individual homogêneo, uma vez que as peculiaridades desta execução não estão vinculadas à via processual utilizada, mas sim à natureza individual homogênea do direito tutelado. 6. Conclui-se, portanto, que nas execuções de sentença genéricas, proferidas em sede de ação coletiva lato sensu, ação civil pública ou ação coletiva de classe, promovida por Sindicato, não deve incidir a regra do art. 1º-D da Medida Provisória nº 2.180/35/2001 – que veda a condenação da Fazenda Pública em honorários advocatícios, caso não haja a oposição dos embargos à execução. 7. Recurso especial desprovido. (grifo meu)

[208] Entendendo-se o acesso à justiça enquanto o acesso à uma justiça adequada ao direito posto em causa, justa, que proporcione a efetiva proteção à categoria, de modo uniforme, que assim o reclama.

por exemplo, a alguma promoção, alguma vantagem pecuniária, eis que, como seus vencimentos são pagos pelos cofres públicos, e surgindo a necessidade de restrição do orçamento do Estado, altera-se a lei que rege o vínculo.[209] Como se trata de lei alterada, o servidor público estatutário, insatisfeito e sentindo-se possuidor de direito subjetivo, poderá propor uma ação individual – assim, imaginem-se, milhares delas[210] –, cujos magistrados irão, a partir da interpretação do texto legislativo, aplicar o direito ao caso concreto. Novamente surge a diversidade de decisões, com a formação de jurisprudência, inclusive, para lados opostos.

A jurisprudência, uma vez que se forma a partir do resultado das postulações dos jurisdicionados,[211] refletem com maior exatidão a necessidade de tutela em alguma questão. E, numa mesma situação específica, denota-se uma diversidade de interpretação pelos Tribunais, os quais acabam por gerar situações de desigualdade, mesmo quando a mesma lei os rege, como no caso dos servidores públicos estatutários. Portanto, no caso em comento, a atividade hermenêutica evidenciada pela jurisprudência acaba criando mais insegurança, insatisfação, descrédito, e desigualdade, do que igualdade e paz social. Segundo Alexandre Pasqualini, como as normas

---

[209] Ressalvado, obviamente, o direito adquirido do servidor público estatutário, ou seja, uma vez preenchidos os pressupostos para a perfectibilização do direito, faz *jus* a ele. Não tem, todavia, o servidor público estatutário direito adquirido ao regime jurídico, razão pela qual se admite a modificação, sem, no entanto, redução dos vencimentos, conforme entendimento do STF: RE-AgR 375936/CE. Ag. Reg. no Recurso Extraordinário. Relator(a): Min. Carlos Britto. Julgamento: 23/05/2006 Órgão Julgador: Primeira Turma
Agravo regimental em recurso extraordinário. Servidor público. Mudança no regime jurídico. Garantia da irredutibilidade vencimentos. Muito embora o servidor público não tenha direito adquirido a regime jurídico, o decréscimo no valor nominal da sua remuneração implica ofensa à garantia constitucional da irredutibilidade de vencimentos. Esta é a pacífica jurisprudência do Supremo Tribunal Federal. Agravo regimental desprovido. Publicação DJ. 25-08-2006, p. 23, Ement. vol. 2244-04, p. 762. Seguindo idêntico entendimento, STJ – Agrg no REsp 735497-SP.
[210] O Anteprojeto do Código Coletivo de Processos Coletivos traz uma alternativa para essa caso. Vide exposição do assunto no ponto 6.
[211] Segundo Carlos Maximiliano, "Chama-se *Jurisprudência*, em geral, ao conjunto das soluções dadas pelos tribunais às questões de Direito; relativamente a um caso particular, denomina-se *jurisprudência* a decisão constante e uniforme dos tribunais sobre determinado ponto de Direito", MAXIMILIANO, Carlos. *Hermenêutica e Aplicação do Direito*. 17 ed. Rio de Janeiro: Forense, 1998, p. 176.

não se auto-interpretam, "a voz da jurisprudência é a principal voz do sistema".[212]

Apenas a fim de ilustrar a ocorrência da modificação de interpretação por parte da jurisprudência pelo Supremo Tribunal Federal (STF), imagine-se a troca de alguns membros daquele Tribunal Superior; o entendimento que vinha sendo sedimentado pode ser alterado, justamente em razão da diferente interpretação desses novos integrantes[213] e intérpretes. Tal assertiva, somente vem a corroborar com a já comentada importância do juiz na aplicação das normas, dando seu sentido, sem alterar o texto.

Todavia, ressalta-se a dificuldade para o jurisdicionado de entender essa diversidade de decisões concomitantes, ainda mais quando se está a enfocar indivíduos que em igual situação jurídica recebem tratamento diferenciado pelos Tribunais que analisam idêntico direito. Será que a possibilidade de pluriinterpretações no sistema jurídico afasta o direito à igualdade? E o princípio da legalidade que submete o Estado, bem como o servidor público estatutário? Pode o Poder Judiciário criar uma situação de desigualdade quando a própria lei (estatuto) a afasta? Há meios processuais para combater esse tipo de situação, tanto por parte do servidor público estatutário, quanto por parte da Administração Pública?

Essas e outras questões relativas à categoria dos servidores públicos estatutários, no que tange às divergentes decisões transitadas em julgado (que formaram coisa julgada), tanto na esfera individual, quanto na esfera coletiva (que afeta a categoria), e a relação entre estas é que passam a ser objeto do próximo ponto.

---

[212] PASQUALINI, Alexandre. *Hermenêutica e Sistema jurídico: uma introdução à interpretação sistemática do direito*. Porto Alegre: Livraria do Advogado, 1999, p. 87.
[213] Esse alerta foi dado, relativamente à interpretação da nossa Constituição Federal pelo STF, pelo Prof. Luiz Manoel Gomes Júnior junto à Banca de Mestrado na PUCRS, realizada no dia 17 de setembro de 2007.

4. Ações com trânsito em julgado: coisa julgada nas ações individual e coletiva. Quebra do princípio da isonomia

Neste ponto, tratar-se-á do conceito de coisa julgada, tanto na ação individual quanto na ação coletiva, semeando a reflexão com o princípio da isonomia.

4.1. Coisa julgada[214]

O instituto da coisa julgada é alvo de constantes estudos entre os doutrinadores, em face da sua importância dentro do ordenamento jurídico. A coisa julgada demarca o fim da disputa judicial, a qual, caso fosse deixado aos próprios litigantes a opção de término, este, provalmente, nunca chegaria, em razão da eterna insatisfação humana com o resultado do processo, no que lhe for, obviamente, desfavorável. Assim, a coisa julgada visa à segurança jurídica das relações sociais.[215]

---

[214] A coisa julgada pode ser de duas espécies: *formal* ou *material*. A *formal* dá-se pela imodificabilidade da decisão naquele processo pelo esgotamento das vias recursais, sem resolução do mérito pelo juiz, estando o autor autorizado a ajuizar idêntica demanda. A *material*, por sua vez, dá-se pela imodificabilidade da decisão que extrapola o processo, pelo esgotamento das vias recursais, com resolução do mérito pelo juiz, não podendo as partes mais discutirem aquelas questões, eis que *indiscutíveis*. No presente trabalho, quando se fizer referência simplesmente à *coisa julgada* estar-se-á tratando da *coisa julgada material*, e não à formal, cuja referência será feita de forma expressa, ou seja, *coisa julgada formal*.

[215] Todo o processo deve ter um fim, com ou sem a resolução do conflito existente entre as partes litigantes, "uma vez que seu prolongamento indefinido desestabi-

A teoria da coisa julgada foi inicialmente criada e pensada para o processo privado, individual. Tanto é assim que, desde a publicação e a vigência do Código de Processo Civil de 1973, vigora o disposto no art. 472,[216] o qual faz expressa referência a que a coisa julgada somente vincula às partes, "não beneficiando, nem prejudicando terceiros". Com o surgimento dos novos direitos (e aqui entenda-se os direitos transindividuais, especialmente o direito coletivo *stricto sensu*), a coisa julgada, visando a tutelar adequadamente o direito posto em causa, teve de ser (re)pensada para o processo coletivo.

No próximo ponto, tratar-se-á da coisa julgada, tanto na ação individual quanto na ação coletiva, demonstrando as peculiaridades de cada uma, sem todavia, ter-se a pretensão de esgotar o tema.

4.1.1. Coisa julgada na ação individual

Decidido o conflito pelo Estado-Juiz, acolhendo ou rejeitando o pedido do autor, a doutrina muito discutiu e divergiu acerca do conceito de coisa julgada.

O juiz, ao proferir a sentença, afirma a vontade concreta da lei ao caso, a qual afirmará ou negará um bem da vida a uma das partes. Essa sentença possui uma eficácia própria, denominada de coisa julgada, a qual age em direção ao futuro, tornando o reconhecimento ou não do bem da vida, pela vontade concreta da lei, indiscutível e obrigatória para os juízes de todos os processos futuros. Esse é o conceito formulado por Giuseppe Chiovenda.[217]

---

liza as relações sociais", PORTO, Sérgio Gilberto; USTÁRROZ, Daniel. *Manual dos Recursos Cíveis*: atualizado com a EC 45 e as Leis 11.341/06, 11.280/06, 11.277/06, 11.276/06, 11. 232/06, 11.187/05. Porto Alegre: Livraria do Advogado, 2007, p. 27.

[216] Art. 472. A sentença faz coisa julgada às partes entre as quais é dada, não beneficiando, nem prejudicando terceiros. Nas causas relativas ao estado de pessoa, se houverem sido citados no processo, em litisconsórcio necessário, todos os interessados, a sentença produz coisa julgada em relação a terceiros.

[217] CHIOVENDA, Giuseppe. *Instituições de direito processual civil*. São Paulo: Saraiva, 1969, v. 1, p. 374. Ressalta ainda o autor que a coisa julgada material (obrigatoriedade nos futuros processos) tem por pressuposto a coisa julgada formal (preclusão das impugnações).

Enrico Tullio Liebmann considera a coisa julgada como uma qualidade que se agrega à sentença, bem como aos seus efeitos, com o fim de proporcionar estabilidade (*imutabilidade*)[218] ao comando contido na sentença, seja este declaratório, constitutivo ou condenatório.[219][220] Ao contrário de Giuseppe Chiovenda, para quem a coisa julgada seria algo *intrínseco* à própria sentença, para Enrico Tullio Liebman, a coisa julgada seria algo *extrínseco* à sentença e a seus efeitos, mas que a este se agregaria.

José Carlos Barbosa Moreira indica o trânsito em julgado como "a passagem da sentença da condição de mutável à de imutável". O trânsito em julgado marca o início de uma nova situação jurídica da sentença, qual seja: a coisa julgada. No entanto, não há que se confundir, segundo o autor, coisa julgada com a autoridade da coisa julgada, já que, esta sim, corresponde à resistência na tentativa de modificação-associada, portanto à imutabilidade[221] do conteúdo da sentença, ou seja, da "norma jurídica concreta referida a uma determinada situação".[222]

José Maria Rosa Tesheiner compartilha da tese defendida por José Carlos Barbosa Moreira, relativamente à questão da imutabilidade do conteúdo da sentença (e em conseqüência desta, da indiscu-

---

[218] Convém ressaltar que a *imutabilidade* do comando, para Enrico Tullio Liebman, dá-se sob dois aspectos: o primeiro com a preclusão dos recursos, ou seja, quando já não se pode mais modificar a decisão, tornando-se esta definitiva, já que a sentença não é mais recorrível como ato processual, denominando de *coisa julgada* formal e, o segundo, com a *imutabilidade* em relação ao conteúdo da sentença e a seus efeitos. Assim, para a formação da coisa julgada material, faz-se necessária, previamente, a formação da coisa julgada formal. LIEBMAN, Enrico Tullio. *Eficácia e Autoridade da sentença: e outros escritos sobre a coisa julgada (com aditamentos relativo ao direito brasileiro)*. Tradução Alfredo Buzaid e Benvindo Aires. Rio de Janeiro: Forense, 1945, p. 45 e 57.

[219] Idem, p. 50.

[220] No mesmo sentido, acolhendo a tese de Enrico Tullio Liebman, SANTOS, Moacyr Amaral. *Primeiras linhas de direito processual civil*. 21 ed. atual. São Paulo: Saraiva, 2003, p. 48, v. 3.

[221] Segundo o autor, "sentença imutável há de entender-se aqui a sentença cujo conteúdo não comporta modificação". MOREIRA, José Carlos Barbosa. Ainda e sempre a coisa julgada, *Revista dos Tribunais*, v. 416, ano 59, p. 9-17, jun. 1970.

[222] Idem, p. 9-17, jun. 1970. No mesmo sentido, em outra publicação: MOREIRA, José Carlos Barbosa. Eficácia da sentença e autoridade da coisa julgada, *Revista Ajuris*, ano X, p. 15-31, jul. 1983.

tibilidade do comando), e não de seus efeitos.[223][224] No entanto, traz um elemento diferente: sustenta que a coisa julgada é *efeito do trânsito em julgado* da sentença de mérito, *efeito* este que consiste na referida imutabilidade. Pode-se dizer que, ambas as teses, caminham na mesma direção, diferenciando-se apenas na visão dos autores acerca de um ponto – o *trânsito em julgado* – o que fez com que chegassem a distintas conclusões, já que é nesse momento que a decisão de *mutável* torna-se *imutável*. Para José Maria Rosa Tesheiner, o ponto de análise (trânsito em julgado) é *causa, origem* e a formação da coisa julgada é *efeito* daquele. Por sua vez, para José Carlos Barbosa Moreira, o ponto de análise (trânsito em julgado) é *marco divisor*, encerrando este uma fase (*mutabilidade*) e, ao mesmo tempo, iniciando-se outra (*imutabilidade* e *indiscutibilidade*).

Em tese contrária, Ovídio A. Baptista da Silva identifica a coisa julgada com o elemento declaratório da sentença.[225][226] Justifica o autor que somente aquela carga de eficácia ficaria restrita às partes que litigaram, nunca atingindo terceiros.[227] Ressalta, ainda, a importância do art. 468 do CPC[228] na definição do instituto, eis que seria, justamente, a referência à *força de lei* que definiria o conceito de coisa julgada material.[229]

Cândido Rangel Dinamarco, baseado na idéia de instrumentalidade do processo, de resultado efetivo, conceitua coisa julgada

---

[223] TESHEINER, José Maria Rosa. *Eficácia da sentença e coisa julgada no processo civil.* São Paulo: Revista dos Tribunais, 2002, p. 72.

[224] Igualmente entendendo que os efeitos são modificáveis, em didática explicação, MOREIRA, José Carlos Barbosa. Eficácia da sentença e autoridade da coisa julgada, *Revista Ajuris,* ano X, p. 15-31, jul. 1983.

[225] SILVA, Ovídio A. Baptista da. *Sentença e coisa julgada: ensaios e pareceres.* 4 ed. rev. e ampl. Rio de Janeiro: Forense, 2003, p. 74.

[226] Tese da qual compartilham: ASSIS, Araken de. Breve contribuição ao estudo da coisa julgada nas ações de alimentos, *Ajuris,* v. 16, n.46, p. 77-96, jul., 1989 e NEVES, Celso. *Contribuição ao estudo da coisa julgada civil.* Dissertação São Paulo, 1970, p. 443.

[227] "O fenômeno jurídico-processual que nunca atinge os terceiros é a *indicustibilidade* do que foi *declarado* pelo juiz [...]". SILVA, Ovídio A. Baptista da. *Sentença e coisa julgada: ensaios e pareceres.* 4 ed. rev. e ampl. Rio de Janeiro: Forense, 2003, p. 89.

[228] Art. 468. A sentença, que julgar total ou parcialmente a lide, tem força de lei nos limites da lide e das questões decididas.

[229] SILVA, Ovídio A. Baptista da. *Curso de processo civil: processo de conhecimento.* v. 1. 5 ed., rev. e atual. São Paulo: Revista dos Tribunais, 2000, p. 486.

como a *imutabilidade dos efeitos substanciais da sentença de mérito*,[230] devendo entender-se tais efeitos substanciais como os resultados práticos desejados pelo autor vitorioso.[231] Ao contrário dos demais, que contestaram a imutabilidade dos efeitos da sentença, já que estes seriam modificáveis, esse autor apega-se à idéia de que os efeitos devem ser material e constitucionalmente possíveis de serem realizados, uma vez que se assim não forem, mesmo existindo a imutabilidade da sentença como ato processual (coisa julgada formal) e resolvendo o conflito entre as partes (coisa julgada material), se a realização prática dos efeitos esperados da decisão for impossível, não haverá formação de coisa julgada.

Sérgio Gilberto Porto revisa posicionamento anteriormente adotado, no qual defendia que a coisa julgada se limitava apenas à eficácia declaratória da sentença[232] e elabora um novo pensamento ainda dentro dessa mesma eficácia, questionando-se: será que é só declaração de certeza que a sentença produz? Ou criaria também um estado jurídico novo? E responde:

> A certeza está configurada pela nova situação jurídica decorrente do reconhecimento da causa de pedir pelo Estado. Ou seja, a afirmação do autor deixa de ser afirmação do autor e, face ao reconhecimento do Estado-juiz, passa a ser realidade jurídica. O novo estado jurídico, de sua parte, decorre do acolhimento do pedido. Assim, a coisa julgada constitui-se na certeza da existência de uma situação que gera a conseqüência jurídica pretendida pelo autor, nos casos de procedência e a certeza negativa nos casos de improcedência.[233]

E conclui objetivamente o autor que o que se torna indiscutível

> [...] é o conteúdo da decisão jurisdicional, particularmente o conteúdo declaratório (certeza jurídica!) e o conteúdo constitutivo (nova situação jurídica!), ou seja, a declaração que o juízo fez em torno da ocorrência de determinada situação e a conseqüência que dessa extraiu.[234]

---

[230] DINAMARCO, Cândido Rangel. *Instituições de direito processual civil*. 4 ed. rev. atual. e com remissões ao Código Civil de 2002. São Paulo: Malheiros, 2004, v. 3, p. 301.
[231] Idem, p. 305.
[232] PORTO, Sérgio Gilberto. *Coisa julgada civil*. 3 ed. rev., atual. e ampl. São Paulo: Revista dos Tribunais, 2006, p.78.
[233] Idem. *Ação Rescisória atípica: instrumento de defesa da ordem jurídica, possibilidade jurídica e alcance*. Tese (Doutorado em Direito) – Faculdade de Direito, PUCRS, Porto Alegre, 2007, p. 71, cedida gentilmente pelo autor.
[234] Idem, p. 72.

Em que pese o posicionamento da doutrina, o nosso Código de Processo Civil conceituou a coisa julgada no art. 467 da seguinte forma: *"Denomina-se coisa julgada material a eficácia, que torna imutável e indiscutível a sentença, não mais sujeita a recurso ordinário ou extraordinário".*

A Exposição de Motivos do Código de Processo Civil faz expressa referência à influência da doutrina de Enrico Tullio Liebman, relativamente à conceituação de coisa julgada.[235] Todavia, como bem observado por Araken de Assis, apesar de ter sido muito significativa a contribuição do referido autor,[236] sua teoria não foi adotada[237], tendo aproximado-se à de Giuseppe Chiovenda.[238]

Em que pese a exposição, a fim de demonstrar os diversos entendimentos acerca do conceito de coisa julgada, é importante ressaltar que a coisa julgada dá-se na parte dispositiva da sentença,[239] ou seja, somente na conclusão do juiz, no momento em que julga ter ou não o autor o direito que alega, não incluindo as premissas, o raciocínio precedente, que corresponde à fundamentação do

---

[235] BUZAID, Alfredo. *Exposição de Motivos do Código de Processo Civil*.
[236] No sentido de diferenciar a *eficácia da sentença* da *autoridade de coisa julgada*.
[237] No anteprojeto do Código de Processo Civil, o artigo referente à coisa julgada dispunha o seguinte: "chama-se coisa julgada material *a qualidade*, que torna imutável e indiscutível *o efeito da sentença*, não mais sujeita a recursos ordinário ou extraordinário". O projeto foi enviado à Câmara dos Deputados e sofreu uma modificação irrelevante (denomina-se em lugar de "chama-se") e outro relevante (a substituição do vocábulo "qualidade" por "eficácia"). Demonstrado, portanto, o abandono à tese de Enrico Tullio Liebman e a aproximação a de Giuseppe Chiovenda, já que é este quem utiliza o termo "eficácia": ARAGÃO, Egas Dirceu Moniz de. *Sentença e coisa julgada: exegese do Código de Processo Civil (arts. 444 a 475)*. Rio de Janeiro: Aide, 1992, p. 238 e 240. Ainda, ALVIM, Theresa. *Questões prévias e os limites objetivos da coisa julgada*. São Paulo: Revista dos Tribunais, 1977, p. 88-89.
[238] A previsão na Lei de Introdução ao Código Civil – LICC – , anterior ao Código de Processo Civil vigente, em seu art. 6, § 3º, dispôs que: "Chama-se coisa julgada ou caso julgado a decisão judicial de que já não caiba recurso". Essa redação mereceu a crítica de José Carlos Barbosa Moreira, enfatizando este tratar-se de uma expressão demasiado simplificadora na conceituação de coisa julgada, permitindo apenas perceber-se o momento em que aquela se formaria (aspecto cronológico), sem qualquer referência em que consistiria (aspecto ontológico), MOREIRA, José Carlos Barbosa. Ainda e sempre a coisa julgada, *Revista dos Tribunais*, v. 416, ano 59, p. 9-17, jun. 1970.
[239] Nesse sentido, LIEBMAN, Enrico Tullio. *Eficácia e Autoridade da sentença: e outros escritos sobre a coisa julgada (com aditamentos relativo ao direito brasileiro)*. Traduzido por Alfredo Buzaid e Benvindo Aires. Rio de Janeiro: Forense, 1945, p. 53 (em nota de rodapé).

julgado. Nesse sentido, é expresso o CPC no art. 469.[240] Em outras palavras: o que faz coisa julgada é a parte dispositiva da sentença[241] que declara, constitui, condena, ordena e/ou executa *lato sensu* o réu da ação.

Isso é o que interessa ter em mente acerca do conceito de coisa julgada para o presente trabalho. Mas e a coisa julgada na ação coletiva? Mudou ou não o conceito?

4.1.2. Coisa julgada na ação coletiva[242]

Convém, ainda que de forma breve, fazer referência aos direitos transindividuais, segundo a classificação e conceituação feita pelo Código de Defesa do Consumidor (CDC), dando-se ênfase aos direitos coletivos *stricto sensu*, uma vez que é dentro desse enquadramento que estão os servidos públicos estatutários, eis que importante para a conceituação da coisa julgada na ação coletiva. Apenas para esclarecimento, quando se mencionam "direitos coletivos *lato sensu*", está-se a fazer referência ao gênero, em que di-

---

[240] Art. 469. Não fazem coisa julgada:
I – os motivos, ainda que importantes para determinar o alcance da parte dispositiva da sentença;
II – a verdade dos fatos, estabelecida como fundamento da sentença;
III – a apreciação da questão prejudicial, decidida incidentemente no processo.

[241] Relembre-se: a sentença é composta por três partes: relatório, fundamentos e dispositivo, conforme art. 458 do CPC, cuja redação é a seguinte:
Art. 458. São requisitos essenciais da sentença:
I – o relatório, que conterá os nomes das partes, a suma do pedido e da resposta do réu, bem como o registro das principais ocorrências havidas no andamento do processo;
II – os fundamentos, em que o juiz analisará as questões de fato e de direito;
III – o dispositivo, em que o juiz resolverá as questões, que as partes lhe submeterem.

[242] A terminologia *coisa julgada coletiva* é expressão já consagrada na doutrina, e inclusive, consta do Anteprojeto do Código Brasileiro de Processos Coletivos, o que faz com que o leitor associe rapidamente às características daquele instituto às ações coletivas. Todavia, por rigor técnico, considerando que os elementos que formam a coisa julgada na ação coletiva não são distintos dos que formam a ação individual, não há motivos para tal adjetivação à coisa julgada. As particularidades do instituto nas ações coletivas foram instituídas pela legislação, as quais serão expostas no presente ponto. Sendo assim, não se utilizará a terminologia *coisa julgada coletiva*, preferindo-se pelo rigorismo que todo o trabalho científico deve ter.

reitos difusos, coletivos *stricto sensu* e individuais homogêneos são espécies.[243]

O Código utiliza-se dos termos "interesses ou direitos",[244] devendo-se entender, segundo exposto por Kazuo Watanabe, como sinônimos, já que

> [...] certo é que, a partir do momento em que passa a ser amparados pelo direito, os "interesses" assumem o mesmo *status* de "direitos", desaparecendo qualquer razão prática, e mesmo teórica, para a busca de uma diferenciação ontológica entre eles.[245]

O parágrafo único do art. 81 do CDC enumera os direitos transindividuais, na seguinte ordem: inciso I – direitos difusos; inciso II – direitos coletivos *stricto sensu* e inciso III – direitos individuais homogêneos.[246] Nesse sentido:

---

[243] SILVA, Sandra Lengruber da. *Elementos das ações coletivas*. São Paulo: Método, 2004, p. 39.

[244] A referência a "interesses ou direitos" deve-se à influência da doutrina italiana que possui dupla jurisdição: uma justiça civil (para resolver conflitos decorrentes das relações entre particulares) e uma justiça administrativa (para resolver conflitos decorrentes das relações entre os particulares e a administração pública ou de interesse social relevante). Na justiça civil seriam tutelados os *direitos*, e na justiça administrativa, os *interesses*. Pela jurisdição brasileira ser una, não há motivos para tal diferenciação, segundo DIDIER JÚNIOR, Fredie; JÚNIOR ZANETI, Hermes. *Curso de direito processual civil: processo coletivo*. Salvador: Podivm, 2007. V. 4, p. 88-89.

[245] GRINOVER, Ada Pellegrini *et al*. *Código Brasileiro de Defesa do Consumidor*: comentado pelos autores do anteprojeto. 8 ed. rev, ampl. e atual. Conforme o novo Código Civil. Rio de Janeiro: Forense Universitária, 2004, p. 800. No sentido de entender ser inútil fixar-se uma diferenciação entre *interesse* e *direito*, ALVIM, Teresa Arruda. Apontamentos sobre as ações coletivas. *Revista de Processo,* São Paulo, n. 75, ano 19, p. 273-283, jul.-set. 1994.

[246] Art. 81. A defesa dos interesses e direitos dos consumidores e das vítimas poderá ser exercida em juízo individualmente, ou a título coletivo.
Parágrafo único. A defesa coletiva será exercida quando se tratar de:
I – interesses ou direitos difusos, assim entendidos, para efeitos deste código, os transindividuais, de natureza indivisível, de que sejam titulares pessoas indeterminadas e ligadas por circunstâncias de fato;
II – interesses ou direitos coletivos, assim entendidos, para efeitos deste código, os transindividuais, de natureza indivisível de que seja titular grupo, categoria ou classe de pessoas ligadas entre si ou com a parte contrária por uma relação jurídica base;
III – interesses ou direitos individuais homogêneos, assim entendidos os decorrentes de origem comum.

4.1.2.1. Direitos difusos

O objeto dos direitos difusos é indivisível, pertence a todos os titulares indistintamente e a nenhum especificadamente[247] (transindividual). Isso significa dizer que a lesão ou a satisfação de um interessado implica na lesão ou na satisfação de todos, obrigatoriamente.[248] Exemplo de direito difuso: direito ao meio ambiente saudável – art. 225 da Constituição Federal.[249]

Antonio Gidi explica que o direito difuso pertence a uma comunidade (cuja esfera de abrangência depende do direito material em questão) formada por pessoas indeterminadas e indetermináveis.[250] A ligação entre os titulares do direito difuso, que no caso é a comunidade, dá-se pela ocorrência de uma circunstância de fato, por exemplo, a poluição de um rio numa determinada região. Todos os indivíduos têm direito ao meio ambiente sadio. Ajuizando-se uma ação coletiva por um dos legitimados legais visando a que a empresa poluidora cesse a liberação de substâncias tóxicas, todos serão beneficiados igualmente pela medida.[251]

4.1.2.2. Direitos coletivos stricto sensu

Os direitos coletivos *stricto sensu* caracterizam-se pela sua *transindividualidade* – no sentido de que seus titulares transcendem ao indivíduo, considerado por si só, alcançando todo um grupo, cate-

---

[247] Explicação dada por José Carlos Barbosa Moreira: há os "litígios essencialmente coletivos" e os "litígios acidentalmente coletivos". Os primeiros caracterizam-se por dois traços fundamentais: um subjetivo (número indeterminado de pessoas) e outro objetivo (objeto indivisível). Já os segundos, caracterizam-se igualmente pelos dois traços fundamentais: subjetivo (pessoas determinadas e/ou determináveis) e objetivo (objeto cindível). MOREIRA, José Carlos Barbosa. Ações Coletivas na Constituição Federal de 1988. *Revista de Processo*, São Paulo, v. 16, n. 61, p. 187-200, jan-mar. 1991.

[248] SILVA, Sandra Lengruber da. *Elementos das ações coletivas*. São Paulo: Método, 2004, p. 42.

[249] Art. 225. Todos têm direito ao meio ambiente ecologicamente equilibrado, bem de uso comum do povo e essencial à sadia qualidade de vida, impondo-se ao Poder Público e à coletividade o dever de defendê-lo e preservá- lo para as presentes e futuras gerações.

[250] GIDI, Antonio. *Coisa julgada e litispendência em ações coletivas*. São Paulo: Saraiva, 1995, p. 22.

[251] Ressalvado, obviamente, o direito de algum lesado pela poluição propor ação individual em face da empresa poluidora, caso em que se tratará de uma medida específica individual, não tendo caráter transindividual.

goria ou classe – e *indivisibilidade* – no sentido de que aos titulares de tais direitos, o bem jurídico a ser concedido, no caso de procedência da ação, será distribuído de forma uniforme a todos, em razão do vínculo jurídico que os une.[252]

Muito bem exposto por Antonio Gidi, ao lembrar que

[...] exatamente por não se constituírem da soma dos direitos individuais, os direitos superindividuais (difusos e coletivos) são uma categoria autônoma de direito subjetivo, cujos titulares são uma comunidade e uma coletividade. E é aí que reside a nota de *indivisibilidade* inerente a tais espécies de direitos.[253]

A relação jurídica base que une o grupo, categoria ou classe deve ser preexistente à lesão ou à ameaça de lesão,[254] sendo este um dos pontos que caracteriza essa espécie de direito coletivo *lato sensu*, já que no caso dos direitos difusos e individuais homogêneos, somente após a situação de fato, é que se pode concretizar uma dessas espécies de direito.

O traço distintivo dos direitos coletivos *stricto sensu* em relação aos difusos consiste na determinabilidade das pessoas titulares, em face da relação jurídica base que as une ou que as liga com a parte

---

[252] Nesse sentido, CRUZ E TUCCI, José Rogério. Limites subjetivos da eficácia da sentença e da coisa julgada nas ações coletivas. *Revista de Processo*, São Paulo, n. 143, ano 32, p. 42-64, jan. 2007; MAZZILLI, Hugo Nigro. *A Defesa dos Interesses Difusos em Juízo: meio ambiente, consumidor, patrimônio cultural, patrimônio público e outros interesses*. 16 ed. rev., ampl. e atual. São Paulo: Saraiva, 2003, p. 49; GRINOVER, Ada Pellegrini *et al*. *Código Brasileiro de Defesa do Consumidor*: comentado pelos autores do anteprojeto. 8 ed. rev, ampl. e atual. Conforme o novo Código Civil. Rio de Janeiro: Forense Universitária, 2004, p. 803 e ss. e ZAVASCKI, Teori Albino. *Processo coletivo: tutela de direitos coletivas e tutela coletiva de direitos*. São Paulo: Revista dos Tribunais, 2006, p. 41-42. Em sentido contrário, entendendo que os direitos coletivos *stricto sensu* consistem, na verdade, em direitos individuais e divisíveis, recebendo apenas tratamento coletivo, tal como uma vez que é possível o acatamento da tutela na ação individual não beneficiando aos demais, LEAL, Márcio Flávio Mafra. *Ações coletivas; história, teoria e prática*. Porto Alegre: Sergio Fabris, 1998, p. 190-192.

[253] GIDI, Antonio. *Coisa julgada e litispendência em ações coletivas*. São Paulo: Saraiva, 1995, p. 26.

[254] Enfatizando Kazuo Watanabe que a relação jurídica base que interessa é aquela da qual é derivado o interesse tutelando, portanto, um interesse que guarda relação mais imediata e próxima com a lesão ou ameaça de lesão. GRINOVER, Ada Pellegrini *et al*. *Código Brasileiro de Defesa do Consumidor*: comentado pelos autores do anteprojeto. 8 ed. rev, ampl. e atual. Conforme o novo Código Civil. Rio de Janeiro: Forense Universitária, 2004, p. 804.

contrária,[255] desde que se considere essas pessoas enquanto integrantes do todo, não consideradas em sua forma isolada, individual.[256] Sérgio Gilberto Porto inclui, além da determinabilidade dos titulares e da vinculação jurídica dos integrantes da coletividade, a existência de um interesse coletivo-institucional, razão pela qual estariam autorizados a veicular tais interesses coletivos, os partidos políticos, os sindicatos, as associações, dentre outros.[257]

Trazendo essa conceituação para a problemática do presente trabalho, os servidores públicos estatutários estão ligados entre si em virtude de uma relação jurídica base preexistente com o Estado – o qual se enquadra como *parte contrária*. Essa relação jurídica base perfectibiliza-se quando da assunção do cargo de provimento efetivo pelo servidor público estatutário – que se dá no momento da posse. O vínculo jurídico formado decorre da lei específica (estatuto) que rege os direitos e deveres do servidor público estatutário no cargo que ocupa. Essa é a *base jurídica da relação entre a categoria e a parte contrária.*

Quando proposta uma ação coletiva na defesa dos direitos daqueles em face do Estado, a decisão atingirá a todos indistintamente (em decorrência do caráter de transindividualidade do direito), uma vez que se encontram *na mesma situação jurídica*, devendo, portanto, receberem o mesmo tratamento jurídico (indivisibilidade),[258] eis que não há como individualizá-los, já que o direito é materialmente coletivo; em outras palavras, na sua essência é coletivo, não apenas na forma de tutela.

Ressalte-se que, uma vez que existe a possibilidade da propositura de ação individual por um servidor público estatutário, a de-

---

[255] SILVA, Sandra Lengruber da. *Elementos das ações coletivas*. São Paulo: Método, 2004, p. 46.

[256] Bem adverte Arruda Alvim: "É conveniente ter presente que os membros dessas categorias são afetados pela eficácia e pela coisa julgada *enquanto tais*, ou seja, enquanto partícipes do grupo, da categoria ou da classe". ALVIM, Arruda. Notas sobre a coisa julgada coletiva, *Revista de Processo*, São Paulo, ano 22, n. 88, p. 31-57, out.– dez, 1997.

[257] PORTO, Sérgio Gilberto. Da tutela coletiva e do CPC (indagações e adaptações), *Revista da Ajuris*, Porto Alegre, n. 57, ano XX, p. 136-148, mar. 1993.

[258] Sustentando que a marca da *indivisibilidade* seria em decorrência do vínculo jurídico comum a todos os integrantes do grupo, categoria ou classe de pessoas, eis que impossível defender um integrante sem defender os demais, CRUZ E TUCCI, José Rogério. Limites subjetivos da eficácia da sentença e da coisa julgada nas ações coletivas. *Revista de Processo*, São Paulo, n. 143, ano 32, p. 42-64, jan. 2007.

cisão proferida nessa ação poderá chocar-se com a que for proferida na ação coletiva, criando tratamentos jurídicos diferenciados. Será que é admissível a cisão da decisão quando é reconhecido coletivamente o direito postulado pela categoria numa ação coletiva? Essa e outras reflexões serão feitas no ponto 5 do presente trabalho.

4.1.2.3. Direitos individuais homogêneos

Essa espécie de direito transindividual surgiu com o CDC em 1990. Dispõe o inciso III que são direitos individuais homogêneos os que possuem origem comum. Essa "origem comum", em verdade, é uma situação de fato,[259] ocasional, que por atingir um número significativo de pessoas, permite que estas possam buscar a tutela de seus direitos de forma coletiva.

O direito individual homogêneo, em verdade, é o direito individual, com suas características e sua essência,[260] sendo coletivo apenas na sua forma de tutela processual. Nesse sentido, como bem observa Sandra Lengruber da Silva, os direitos individuais homogêneos já existiam antes mesmo do Código do Consumidor, por serem direitos individuais de origem comum. O que não existia era a possibilidade de tutela na forma coletiva, sendo este o grande mérito do Código do Consumidor. Assim, pode-se concluir que "não existem diferenças quanto ao aspecto material entre os direitos individuais de origem comum tutelados coletivamente, os tratados individualmente e os tutelados através de litisconsórcio".[261]

Comentando o termo *homogeneidade*, Antonio Gidi menciona que a homogeneidade dos direitos individuais dá-se pelo aspecto *relacional*, ou seja,

> [...] um direito individual é homogêneo apenas *em relação* a outro direito individual derivado da mesma origem (origem comum). Não há *um* direito individual homogêneo, mas direitos individuais homogeneamente considerados.[262]

---

[259] Antonio Gidi entende que não só a questão de fato pode caracterizar a origem comum, como também a questão de direito, sem todavia, exemplificar a afirmação. GIDI, Antonio. *Coisa julgada e litispendência em ações coletivas.* São Paulo: Saraiva, 1995, p. 33.
[260] SILVA, Sandra Lengruber da. *Elementos das ações coletivas.* São Paulo: Método, 2004, p. 47.
[261] Idem, p. 48.
[262] GIDI, Antonio. *Coisa julgada e litispendência em ações coletivas.* São Paulo: Saraiva, 1995, p. 30.

Ressalte-se que tanto o direito difuso quanto o direito individual homogêneo têm a mesma origem comum, ou seja, é uma circunstância de fato que vai ligar os titulares de tais direitos coletivos *lato sensu*. Ao contrário, os direitos coletivos *stricto sensu* ligam-se a partir de um vínculo jurídico preexistente – conforme já explicado.

Por fim, com relação aos direitos coletivos *lato sensu*, deve-se atentar que de um mesmo fato podem advir questões de direito difuso, coletivo e/ou individual homogêneo simultaneamente, não se podendo caracterizar de imediato qual espécie coletiva corresponde. Ou seja: abstratamente, poderá visualizar-se as três espécies de direito coletivo *lato sensu*, surgindo a exata delimitação somente a partir do enfoque a ser dado no pleito judicial. Em outras palavras: de um mesmo fato, conforme a espécie de direito coletivo *lato sensu* que se está a tutelar, a causa de pedir pode ser diferente, bem como o próprio pedido.

4.2. Particularidades da coisa julgada na ação coletiva

A partir da percepção de que certos direitos necessitavam de proteção por parte do ordenamento jurídico, os quais surgiram em face de novas necessidades sociais,[263] alguns institutos do processo civil tiveram que se adequarem a fim de prestarem a efetiva tutela, dentre estes, o da coisa julgada. Como exposto por Sérgio Gilberto Porto, deve-se adequar a coisa julgada ao direito posto em causa.[264]

Quando se faz referência ao instituto da coisa julgada na ação coletiva logo vem em mente a questão da extensão dos limites subjetivos da coisa julgada. Nesse sentido, importante esclarecer que a imutabilidade do conteúdo da sentença, no qual se encontra o comando

---

[263] Já dizia Norberto Bobbio que os direitos do homem são um fenômeno social. BOBBIO, Norberto. *A Era dos Direitos*. 16 ed. Rio de Janeiro: Campus, 1992, p. 68.

[264] PORTO, Sérgio Gilberto. *Coisa julgada civil*. 3 ed. rev., atual. e ampl. São Paulo: Revista dos Tribunais, 2006, p. 68. Ressalta-se que a denominação "direito posto em causa", deve-se ao autor, mas será utilizada no presente trabalho, devendo-se lembrar que se trata de termo há muito tempo utilizado por Sérgio Gilberto Porto, conforme se verifica em artigos antigos. PORTO, Sérgio Gilberto. Da tutela coletiva e do CPC (indagações e adaptações), *Revista da Ajuris*, Porto Alegre, n. 57, ano XX, p. 136-148, mar. 1993.

normativo, não apresenta diferença substancial[265] com relação à ação individual, podendo-se servir, tranqüilamente, da mesma teoria.[266] O que há, são outras novidades, as quais serão expostas mais adiante.

Ainda dentro daquela questão, o art. 472 do CPC[267] versa acerca dos limites subjetivos da coisa julgada na ação individual, o qual vincula somente as partes que litigaram.[268] Esse mesmo artigo pode ser aplicado, com certo temperamento,[269] à coisa julgada na ação coletiva,[270] ou seja, "os efeitos da sentença não atingirão qualquer coletividade, mas tão-somente aquela pertinente ao direito transindividual objeto do litígio".[271] Em outras palavras: necessária a verificação de qual espécie de direito transindividual está a ser tutelada na ação,[272] a fim de se certificar acerca do alcance subjetivo (ao titular do direito subjetivo em causa) a ser dado pela decisão.

---

[265] Lembrando-se que o CDC (art. 103), a LACP (art. 16), e a LAP (art. 18) fazem expressa referência à possibilidade de ajuizamento de idêntica ação à anterior proposta, no caso de ter sido julgada improcedente por insuficiência de provas, o que, segundo depreende-se da lei, não haveria formação de coisa julgada material nesses casos.

[266] Na tentativa de enquadrar o direito processual coletivo dentro de uma Teoria Geral do Direito Processual Civil, Antonio Gidi: "Afinal, os direitos coletivos não compõem um sistema à parte do sistema dos direitos individuais; não há dois ordenamentos jurídicos; não são dois os direitos positivos. Trata-se de um subsistema, ao lado do subsistema dos direitos individuais todos fazendo parte de uma única Teoria Geral do Direito e de uma mesma Teoria Geral do Direito Processual Civil". GIDI, Antonio. *Coisa julgada e litispendência em ações coletivas.* São Paulo: Saraiva, 1995, p. 114.

[267] Art. 472. A sentença faz coisa julgada às partes entre as quais é dada, não beneficiando, nem prejudicando terceiros. Nas causas relativas ao estado de pessoa, se houverem sido citados no processo, em litisconsórcio necessário, todos os interessados, a sentença produz coisa julgada em relação a terceiros.

[268] Devendo-se entender por parte como aquele que pede em Juízo e contra quem se pede. E, no caso quando se tratar, no presente trabalho, de partes, entenda-se que a parte que postula é a titular do direito material trazido a juízo.

[269] Diga-se isso, uma vez que há benefício a terceiros da coisa julgada coletiva, no caso da ação ser julgada procedente.

[270] Em sentido contrário, entendendo que o sistema da coisa julgada coletiva é totalmente diferente do sistema tradicional do CPC, ALVIM, Teresa Arruda. Apontamentos sobre as ações coletivas. *Revista de Processo*, São Paulo, n. 75, ano 19, p. 273-283, jul.-set. 1994.

[271] SILVA, Sandra Lengruber da. *Elementos das ações coletivas*. São Paulo: Método, 2004, p. 172. No mesmo sentido, entendendo que o art. 472 do CPC pode atender às exigências das demandas coletivas, CRUZ E TUCCI, José Rogério. Limites subjetivos da eficácia da sentença e da coisa julgada nas ações coletivas. *Revista de Processo*, São Paulo, n. 143, ano 32, p. 42-64, jan. 2007

[272] Verifica-se qual das espécies de direito coletivo *lato sensu* se trata a partir do pedido e da causa de pedir.

O CDC é a legislação que veio dispor, em seu art. 103, acerca dos limites subjetivos da coisa julgada nas ações coletivas.[273] Assim, determina a lei que a coisa julgada é *erga omnes* (no caso de se tratar de direitos difusos ou individuais homogêneos) e *ultra partes* (no caso de se tratar de direitos coletivos *stricto sensu*), respectivamente, incisos I, III e II[274] do referido artigo.

A expressão latina *erga omnes* significa "contra todos" e, *ultra partes*, significa "além das partes".[275] Para alguns autores,[276] essas expressões correspondem à demonstração de que a coisa julgada alcança terceiros,[277] ultrapassando as partes do processo; para outros, parece dizer o óbvio.[278] Todavia, esse ponto exige melhores esclarecimentos.

---

[273] No mesmo sentido e entendendo que o regime da coisa julgada disciplinado no CDC vale para todas as ações coletivas, CRUZ E TUCCI, José Rogério. Limites subjetivos da eficácia da sentença e da coisa julgada nas ações coletivas. *Revista de Processo*, São Paulo, n. 143, ano 32, p. 42-64, jan. 2007, dando a seguinte explicação: "Mesmo que não estejam envolvidas relações de consumo, por força do art. 21 da Lei 7.347/85, que recebeu nova redação pelo art. 117 do CDC, as normas processuais contempladas nesse diploma acabaram formando um sistema geral do processo das ações coletivas. Estas demandas, como é cediço, tendem a tutelar três diversificadas categorias de interesses ou direitos, em virtude da natureza da relação jurídica material: *difusos, coletivos e individuais homogêneos*". Ainda, no que não for com o CDC incompatível, GIDI, Antonio. *Coisa julgada e litispendência em ações coletivas*.São Paulo: Saraiva, 1995, p. 74.

[274] Art. 103. Nas ações coletivas de que trata este código, a sentença fará coisa julgada:
I – *erga omnes*, exceto se o pedido for julgado improcedente por insuficiência de provas, hipótese em que qualquer legitimado poderá intentar outra ação, com idêntico fundamento valendo-se de nova prova, na hipótese do inciso I do parágrafo único do art. 81;
II – ultra partes, mas limitadamente ao grupo, categoria ou classe, salvo improcedência por insuficiência de provas, nos termos do inciso anterior, quando se tratar da hipótese prevista no inciso II do parágrafo único do art. 81;
III – *erga omnes*, apenas no caso de procedência do pedido, para beneficiar todas as vítimas e seus sucessores, na hipótese do inciso III do parágrafo único do art. 81.

[275] MAZZILLI, Hugo Nigro. *A Defesa dos Interesses Difusos em Juízo: meio ambiente, consumidor, patrimônio cultural, patrimônio público e outros interesses*. 16 ed. rev., ampl. e atual. São Paulo: Saraiva, 2003, p. 461.

[276] Idem, p. 461; GRINOVER, Ada Pellegrini et al. *Código Brasileiro de Defesa do Consumidor*: comentado pelos autores do anteprojeto. 8 ed. rev, ampl. atual. conforme o novo Código Civil. Rio de Janeiro: Forense Universitária, 2004, p. 911.

[277] Ou seja, aqueles que não participaram da relação jurídica processual.

[278] "Partindo-se da "lente de visualização" do processo coletivo, é possível afirmar que os dispositivos legais dizem o óbvio: a sentença deve atingir os titulares do direito disputado e equacionar o objeto litigioso da demanda coletiva. Mesmo assim, o "excesso" na dicção legislativa é elogiável, por espancar quaisquer incertezas

Analisando-se a natureza do direito transindividual tutelado, identifica-se o titular desse direito (se a comunidade ou o grupo, categoria ou classe)[279] a fim de que este seja submetido a autoridade da coisa julgada. Por exemplo: numa ação coletiva proposta por uma associação que defende os interesses dos servidores públicos estaduais, a decisão que transitar em julgado faz coisa julgada à toda a categoria, a qual é a titular do direito material posto em causa. Percebe-se, assim, que é o próprio titular do direito material que fica submetido à coisa julgada,[280] sendo tais adjetivações à coisa julgada, portanto, desnecessárias.

Quando a doutrina menciona a extensão a *terceiros*, em verdade, está a fazer referência à possibilidade da extensão da decisão de procedência (*secundum eventum litis*) proferida na ação coletiva aos titulares de direitos individuais (*terceiros*), os quais, sem precisar propor as suas respectivas ações individuais, ou caso já as tenham proposto e requereram a suspensão[281] no prazo legal, beneficiam-se, no que for útil (*in utilibus*) daquela decisão, obtendo, por opção legislativa,[282] a satisfação de seus direitos, bastando, posteriormente, liquidá-los e executá-los.

Importante esclarecer que não se trata da extensão da *coisa julgada* na ação coletiva à esfera do terceiro (indivíduo), eis que não é o disposi-

---

sobre a extensão do julgado coletivo, decorrentes do desconhecimento da realidade material e processual envolvida, e do excessivo apego aos conceitos arraigados à tradição", LEONEL, Ricardo de Barros. *Manual do processo coletivo*. São Paulo: Revista dos Tribunais, 2002, p. 273.

[279] Entendendo-se os direitos individuais homogêneos abrangidos dentro dessa concepção de grupo, categoria ou classe (de vítimas).

[280] "Quem tem o direito público subjetivo à prestação jurisdicional referente a tais direitos (direito de ação coletivo) é apenas a comunidade ou a coletividade como um todo, através das entidades legalmente legitimadas à sua propositura", GIDI, Antonio. *Coisa julgada e litispendência em ações coletivas*. São Paulo: Saraiva, 1995, p. 23.

[281] Art. 104. As ações coletivas, previstas nos incisos I e II e do parágrafo único do art. 81, não induzem litispendência para as ações individuais, mas os efeitos da coisa julgada erga omnes ou ultra partes a que aludem os incisos II e III do artigo anterior não beneficiarão os autores das ações individuais, se não for requerida sua suspensão no prazo de trinta dias, a contar da ciência nos autos do ajuizamento da ação coletiva.

[282] Sustentando tratar-se a coisa julgada *secundum eventum litis* e *in utilibus* de uma opção legislativa, de forma a proporcionar benefícios à esfera jurídica singular, LEONEL, Ricardo de Barros. *Manual do processo coletivo*. São Paulo: Revista dos Tribunais, 2002, p. 270.

tivo da sentença que é aplicado – até porque nesta parte da decisão não há qualquer referência ao direito individual –, mas sim, às questões, às provas, às premissas da ação coletiva que são aproveitadas na ação individual.[283] Se fosse a extensão da coisa julgada (que consta do dispositivo), então dever-se-ia compreender que o titular do direito, *enquanto indivíduo* tivesse participado da ação, para assim poder utilizar-se do *dispositivo* da decisão; no entanto, não é esse o caso, tanto que o indivíduo é considerado *terceiro* pela doutrina, eis que *não é o titular do direito coletivo,* mas apenas *beneficiado.*[284-285] O que se estende, portanto, são os efeitos da decisão que formou coisa julgada material na ação coletiva para beneficiar os indivíduos em suas ações individuais.[286]

Assim, uma vez esclarecida a extensão dos efeitos da decisão que formou coisa julgada na ação coletiva aos titulares do direito individual, cabe tecer alguns comentários acerca das expressões *secundum eventum litis, secundum eventum probationis* e *in utilibus* utilizadas pela doutrina.

Secundum eventum litis significa "segundo o evento da lide", ou seja, a coisa julgada poderá beneficiar o titular do direito individual

---

[283] LIMA, Paulo Roberto de Oliveira. *Contribuição à teoria da coisa julgada.* São Paulo: Revista dos Tribunais, 1997, p. 76, 78-79.

[284] No mesmo sentido, afirmando não haver coisa julgada em prol do titular do direito individual, uma vez que sempre será possível questionar a sua posição de lesado, TESHEINER, José Maria Rosa. *Eficácia da sentença e coisa julgada no processo civil.* São Paulo: Revista dos Tribunais, 2002, p. 134.

[285] Para melhor compreensão, pode-se fazer o mesmo raciocínio na situação do *terceiro juridicamente prejudicado* regulado pelo CPC. O terceiro, assim como todos os indivíduos, sofrem os efeitos que emanam da decisão que formou coisa julgada. Considerando que a decisão imutável limita-se às partes, não beneficia nem prejudica terceiros, segundo o art. 472 do CPC, aquele que tiver direito incompatível com a decisão proferida, poderá contestá-la judicialmente, eis que, para o terceiro, a decisão não é imutável. O que o faz ir a juízo são os *efeitos prejudiciais da decisão*. No caso da ação coletiva, o titular do direito em causa é a coletividade ou grupo, categoria ou classe, sujeitando-se estes à coisa julgada. Caso seja a decisão procedente na ação coletiva, os efeitos dessa decisão afetam todos os indivíduos, mas, por opção legislativa, podem *beneficiar terceiros,* que são os titulares do direito *individual,* não sujeitos à imutabilidade da decisão.

[286] DIDIER JÚNIOR, Fredie; JÚNIOR ZANETI, Hermes. *Curso de direito processual civil: processo coletivo.* Salvador: Podivm, 2007. V. 4, p. 339. Essa extensão dos efeitos da sentença já foram objeto de análise de Ada Pellegrini Grinover, mas no que respeita à ação penal, ou seja, nos efeitos civis da sentença penal, mas que igualmente valem para compreender o fenômeno atual. GRINOVER, Ada Pellegrini. Eficácia e autoridade da sentença penal. *Revista de Processo,* São Paulo, ano 7, n. 28, p. 34-54, out.-dez, 1982.

somente no caso de procedência. A coisa julgada na ação coletiva, tal como na individual, forma-se *pro et contra*, ou seja, independentemente do resultado da ação.[287] Todavia, a única situação excluída pela legislação é a de *improcedência por insuficiência de provas*,[288] cuja formação da coisa julgada[289] inexistiria, podendo ser proposta idêntica ação, desde que fundada em novas provas;[290] em sentido contrário, a *improcedência por suficiência de provas* formaria coisa julgada. Percebe-se, portanto, que a exclusão, por força de lei, caracteriza a coisa julgada na ação coletiva como *secundum eventum probationes* e não, *secundum eventum litis*.[291]

O art. 103, § 1º, do CDC[292] somente permite a extensão dos efeitos da decisão que formou coisa julgada na ação coletiva aos titulares dos direitos individuais no caso de procedência daquela, ou seja, em benefício destes, no que lhes for útil (*in utilibus*).[293] Para José Ignácio Botelho de Mesquita, o referido artigo segue o sistema do CPC, e sua inclusão no CDC foi desnecessária, uma vez que

> A conclusão de qualquer sentença só se torna imutável e indiscutível em relação ao pedido, identificado pelo objeto e pela causa de pedir. As ações fundadas nos

---

[287] Nesse sentido, GIDI, Antonio. *Coisa julgada e litispendência em ações coletivas.* São Paulo: Saraiva, 1995, p. 73 e BRAGA, Renato Rocha. *A coisa julgada nas demandas coletivas.* Rio de Janeiro: Lumen Juris, 2000, p. 125-126.

[288] Por fugir ao objeto do trabalho, uma vez que as questões relativas a servidores públicos estatutários geralmente, restringem-se à matéria de direito, este ponto não será tratado com maior profundidade.

[289] Haveria a formação da coisa julgada formal.

[290] Art. 103, inciso I e II; LACP, art. 16 e LAP, art. 18.

[291] Visualizando a coisa julgada *secundum eventum probationis* como um aspecto da coisa julgada *secundum eventum litis*, BRAGA, Renato R. *A coisa julgada nas demandas coletivas.* Rio de Janeiro: Lumen Juris, 2000, p. 132. Em outro sentido, entendendo que se a coisa julgada forma-se *secundum eventum probationis*, ou seja, somente se suficientemente instruída, independentemente do resultado da demanda (procedência ou improcedência), não se pode considerar a coisa julgada *secundum eventum litis*, GIDI, Antonio. *Coisa julgada e litispendência em ações coletivas.* São Paulo: Saraiva, 1995, p. 122 e CRUZ E TUCCI, José Rogério. Limites subjetivos da eficácia da sentença e da coisa julgada nas ações coletivas. *Revista de Processo*, São Paulo, n. 143, ano 32, p. 42-64, jan. 2007. Entendendo que a coisa julgada é *secundum eventum litis*, ALVIM, Arruda. Notas sobre a coisa julgada coletiva, *Revista de Processo*, São Paulo, n. 88, ano 22, p. 31-57, out-dez 1997.

[292] § 1º Os efeitos da coisa julgada previstos nos incisos I e II não prejudicarão interesses e direitos individuais dos integrantes da coletividade, do grupo, categoria ou classe.

[293] Somente no caso de não terem sido ajuizadas as demandas individuais ou, caso já estivessem em trâmite, tivesse sido requerida a suspensão no prazo legal.

direitos e interesses individuais terão sempre objeto e causa de pedir distintos dos das ações coletivas. Nunca poderiam ser por elas prejudicadas.[294]

Antonio Gidi posiciona-se contrário à utilização do termo *secundum eventum litis* e presta os seguintes esclarecimentos:

> Rigorosamente, a coisa julgada nas ações coletivas do direito brasileiro não é *secundum eventum litis*. Seria assim, se ela se formasse nos casos de procedência do pedido, e não nos de improcedência. Mas não é exatamente isso que acontece. A coisa julgada sempre se formará, independentemente de o resultado da demanda ser pela procedência ou pela improcedência. A coisa julgada nas ações coletivas se forma *pro et contra*.
> O que diferirá, de acordo com o "evento da lide", não é a formação ou não da coisa julgada, mas o rol de pessoas por ela atingidas. Enfim, o que é *secundum eventum litis* não é a *formação* da coisa julgada, mas a sua *extensão* "*erga omnes*"ou "*ultra partes*" à esfera jurídica individual de terceiros prejudicados pela conduta considerada ilícita na ação coletiva (é o que se chama extensão *in utilibus* da coisa julgada).[295]

Percebe-se, portanto, que a coisa julgada na ação coletiva é coisa julgada![296] As particularidades da caracterização do instituto visam a adequar a relação entre *processo* e *direito material*, adaptando o instituto tradicional, *pensado* nos moldes de um processo individual e, *repensado* para melhor tutelar os interesses da coletividade, a partir da caracterização da coisa julgada *secundum eventum probationes* e da extensão dos efeitos da decisão que formou coisa julgada na ação coletiva a terceiros *secundum eventum litis* e *in utilibus*.[297]

Com a exata noção dos conceitos de coisa julgada na ação individual e na coletiva, e sabendo-se que, por força de lei,[298] não há

---

[294] MESQUITA, José Ignácio Botelho de. A coisa julgada no Código do Consumidor. *Revista Forense*, Rio de Janeiro, v. 326, ano 90, p. 79-84, abr.-maio-jun. 1994.

[295] GIDI, Antonio. *Coisa julgada e litispendência em ações coletivas.*São Paulo: Saraiva, 1995, p. 73.

[296] Idem, p. 113.

[297] Ada Pellegrini Grinover entende que a coisa julgada tem regime próprio no processo coletivo: sendo *erga omnes* e por vezes, *secundum eventum litis*. GRINOVER, Ada Pellegrini. Direito Processual Coletivo. In: *Direito Processual Coletivo e o anteprojeto de Código Brasileiro de Processos Coletivos*. GRINOVER Ada Pellegrini; MENDES, Aluisio Gonçalves de Castro; WATANABE, Kazuo (Coord.). São Paulo: Revista dos Tribunais, 2007, p. 11-15, principalmente p. 14.

[298] Art. 104. As ações coletivas, previstas nos incisos I e II e do parágrafo único do art. 81, não induzem litispendência para as ações individuais, mas os efeitos da coisa julgada erga omnes ou ultra partes a que aludem os incisos II e III do artigo anterior não beneficiarão os autores das ações individuais, se não for requerida sua

interferência de uma decisão sobre a outra, o que significa dizer que não há litispendência e nem exceção de coisa julgada a ser alegada entre as ações, ressalvada a hipótese de extensão dos efeitos da decisão de procedência proferida na ação coletiva,[299] questiona-se: esse sistema, que aceita que decisões de procedência transitadas em julgado nas ações coletivas não se estendam aos titulares de direito individual que, pelo fato de terem proposto ações individuais, as quais foram julgadas improcedentes, está de acordo com o princípio da isonomia?

A partir deste momento, passa-se ao enfrentamento dessa questão.

---

suspensão no prazo de trinta dias, a contar da ciência nos autos do ajuizamento da ação coletiva.
[299] Por força do art. 104 do CDC.

5. Ação individual improcedente *versus* ação coletiva procedente: extensão do direito por aplicação do princípio da isonomia

Neste ponto, adentrar-se-á especificadamente na problemática do presente trabalho, fazendo as conexões necessárias com a exposição feita anteriormente.

5.1. Isonomia *versus* coisa julgada

A partir da Constituição Federal de 1988, a qual constitui a norma ápice do sistema jurídico brasileiro, todas as disposições legais devem guiar-se à luz de suas orientações normativas. O Poder Judiciário, ao qual incumbe aplicar a lei ao caso concreto, quando levado a seu conhecimento, pode vir a proferir decisões totalmente divergentes em situações iguais, atentando contra o princípio da isonomia, gerando com isso, maiores desigualdades e insegurança jurídica.

Esse problema tem sido apontado por Teresa Arruda Alvim Wambier,[300] a qual enfatiza que as diversas interpretações legais

---

[300] Igualmente, já o tinha percebido José Carlos Barbosa Moreira, quando escreveu acerca da Ação Popular, constatando o conflito entre uma primeira decisão na ação popular de improcedência e, permanecendo a possibilidade de propositura aos demais co-legitimados, estes obtivessem ganho de causa (procedência). Ou seja, para o cidadão da primeira demanda há duas coisas julgadas, duas decisões contraditórias e, conclui o autor: "É evidentissimamente inconcebível, não só do ponto de vista lógico, mas também ao ângulo prático, que em face de Tício o mesmo ato *prevaleça e deixe de prevalecer*". Assim, termina a análise do problema mencionando que a LAP adotou posição interessante (art. 18). MOREIRA, José Carlos Barbosa. A ação Popular no direito brasileiro como instrumento de tutela jurisdicional dos

feitas pelos Tribunais, apesar de em tese sustentáveis e possíveis, conduzem a decisões discrepantes – sendo essa a origem da jurisprudência divergente dos Tribunais. Todavia, ressalta a autora que há a necessidade de se evitar que em situações idênticas se dêem soluções diferentes com base no mesmo texto de lei. Um dos "métodos" encontrados pelo sistema, relata aquela, é a extensão ampla que se empresta à eficácia da coisa julgada nas ações coletivas *lato sensu*.[301] Compartilha-se desse entendimento.

As ações coletivas, além de possibilitarem a ampliação do acesso à justiça dos indivíduos, visando a prestar-lhe a adequada tutela, igualmente, mas não só,[302] podem servir para uniformizar o tratamento das mesmas situações jurídicas *de massa*, evitando, portanto, decisões divergentes. Os servidores públicos estatutários compõem uma *massa*, denominada de *categoria*, por se tratar da espécie de direitos coletivos *stricto sensu*. O vínculo institucional firmado com o Estado, uma vez que esta relação jurídica é regida por lei específica (estatuto), não deixa margem de dúvida acerca da necessidade de uniformização do tratamento jurídico. Pode-se dizer que a *categoria* tem interesse na igualdade de tratamento, e não na desigualdade gerada após disputas judiciais. Assim, a ação coletiva cumpre um de seus papéis a partir da extensão *secundum eventum litis* e *in utilibus* do julgado, conforme já comentado acima, a qual se dá somente no caso de procedência da ação coletiva.[303] Mas, e no caso dos servidores públicos estatutários que *antes* do julgamento de procedência da ação coletiva propuseram individualmente suas ações, as quais foram julgadas improcedentes, não poderão ser beneficiados com a coisa julgada que favorecerá a categoria. Segundo José Maria Rosa

---

chamados "interesses difusos". *Temas de Direito Processual Civil*. São Paulo: Saraiva, 1977, p. 122-123, principalmente 110-123.

[301] WAMBIER, Teresa Arruda Alvim. Os princípios constitucionais da legalidade e da isonomia, como inspiradores da compreensão de algumas recentes alterações do direito positivo: Constituição Federal e CPC, *Revista do Advogado*, São Paulo, ano XXVI, n. 88, v. 26, p. 187-192, nov. 2006.

[302] A ação coletiva visa a propiciar a solução dos conflitos de massa, à economia processual e efetividade da prestação jurisdicional, ao efetivo acesso à situações não tuteláveis individualmente, além do afastamento de conflito de julgados, segundo LEONEL, Ricardo de Barros. *Manual do processo coletivo*. São Paulo: Revista dos Tribunais, 2002, p. 258.

[303] Caso não tenha sido proposta demanda individual ou, no caso desta já ter sido ajuizada, tenha sido requerida a devida suspensão no prazo legal, a fim de fazer *jus* ao benefício da coisa julgada na ação coletiva.

Tesheiner, "a possibilidade de quebra do princípio da isonomia decorre da própria natureza da coisa julgada".[304] No entanto, não seria oportuno pensar-se em novas alternativas nesse caso à luz do princípio da isonomia? Acredita-se que sim.

O processo civil foi pensado para o conflito entre particulares (direito privado) ou entre particulares e o Estado (direito público) a partir da influência individual-liberalista. Ocorre que, com as mudanças sociais,[305] deixou-se de focalizar no homem-indivíduo para concentrar-se no homem enquanto membro da coletividade, buscando-se soluções mais sociais, mais harmônicas, mais solidárias, visando ao bem da sociedade, a partir de um maior senso de justiça.[306]

Esse pensamento mais *social*, menos *individualista* pode vir a ser preconizado no âmbito da ação coletiva,[307] principalmente quando em um dos pólos da relação jurídica está a Administração Pública, a qual se rege por princípios inerentes ao Direito Público,[308] tais como: supremacia do interesse público sobre o privado, imparcialidade, legalidade, entre outros que não cabe aqui especificar, mas que, por si só, já demonstram a necessidade de um tratamento diferenciado no âmbito do processo civil. E com mais razão, quando o direito

---

[304] TESHEINER, José Maria Rosa. *Eficácia da sentença e coisa julgada no processo civil*. São Paulo: Revista dos Tribunais, 2002, p. 169.

[305] Principalmente após a Segunda Grande Guerra, em que surgiram os chamados direitos sociais de segunda dimensão, o qual se caracteriza por um "comportamento ativo na realização da justiça social" por parte do Estado. Segundo, SARLET, Ingo Wolfang. *A eficácia dos direitos fundamentais*. 7ed. rev. atual. e ampl. Porto Alegre: Livraria do Advogado, 2007, p. 56-57.

[306] Segundo Mauro Cappelletti, "os direitos e os deveres não se apresentam mais, como nos códigos tradicionais de inspiração individualista-liberal, como direitos e deveres essencialmente individuais, mas metaindividuais e coletivos". Tradução livre de "I diritti e i doveri non si presentano più, com nei codici tradizionali di ispirazione individualistico-liberale, come diritti e doveri essenzialmente individuali, ma meta-individuali e collettivi". CAPPELLETTI, Mauro. Formazioni sociali e interessi di gruppo davanti allá giustizia civile, *Rivista di Diritto Processuale*, Padova, n. 30, parte II, p. 361- 402, 1975.

[307] Nas palavras de José Carlos Barbosa Moreira: "Precisamos imprimir ao processo, como a tantas outras coisas no Brasil, um sentido mais social; e acho que as ações coletivas podem servir de instrumento para incentivar, para estimular essa necessária evolução", MOREIRA, José Carlos Barbosa. Ações Coletivas na Constituição Federal de 1988. *Revista de Processo*, São Paulo, v. 16, n. 61, p. 187-200, jan-mar. 1991.

[308] Exceto as sociedades de economia mista e empresas públicas que, apesar de serem integrantes da Administração Indireta, regem-se pelas normas do Direito Privado.

posto em causa é naturalmente coletivo, relativo a uma categoria que reclama igual tratamento jurídico.

O processo coletivo, nos últimos anos, vem adquirindo força e maior atenção por parte da doutrina e da jurisprudência. Todavia, não ainda o suficiente a ponto de se conseguir pensar *coletivamente* o processo, a ponto de se observar e de conferir o devido respeito à decisão judicial de procedência da ação coletiva que, reconhecendo direitos pertencentes a toda uma categoria, acaba por negar a um determinado servidor que, infelizmente, resolveu tutelar seu direito individualmente e, para cuja opção, não há mais como desistir. Dessa forma, para o caso dos servidores públicos estatutários há de se pensar num tratamento processual diferenciado em razão das diversas peculiaridades já ressaltadas ao longo do presente trabalho.

Assim, já se percebe a opção pela concretização do princípio da isonomia que, em verdade, reflete o respeito e o dever de aplicação da Constituição Federal, dando a esta a força normativa ativa que possui. Na conhecida expressão de Konrad Hesse, é preciso ter "vontade de Constituição".[309]

Já se discorreu acerca do princípio da isonomia no ponto 2.2.2 deste trabalho. Convém lembrar que a isonomia é um direito fundamental[310] e, como norma, enquadra-se na classificação norma-princípio, eis que se deve tentar concretizá-la *na maior medida possível*, sendo um fim a ser alcançado e sendo desconhecido, *a priori*, o caminho a trilhar. Pode-se dizer, de forma muito simples, que a isonomia visa a alcançar a justiça – valor supremo de nossa ordem constitucional. Dessa forma, nada mais justo do que tratar igualmente os iguais, como no caso, os servidores públicos estatutários, ainda mais quando o direito destes é reconhecido em ação coletiva a toda a categoria.

Com a opção pela isonomia, indaga-se: como alcançar a igualdade de tratamento dos servidores públicos estatutários a partir do

---

[309] HESSE, Konrad. *A força normativa da Constituição*. Porto Alegre: Sergio Antonio Fabris Editor, 1991, p. 19.

[310] É direito formal e materialmente fundamental. Formal, uma vez que consta no catálogo do Título II da Constituição Federal e material, uma vez que constitui um dos elementos essenciais de uma Constituição, segundo ensina SARLET, Ingo Wolfang. *A eficácia dos direitos fundamentais*. 7 ed. rev. atual. e ampl. Porto Alegre: Livraria do Advogado, 2007, p. 88-89.

julgamento de procedência de ação coletiva, se há um "empecilho" – que se constituiu na improcedência de ação individual, com idêntico objeto e com formação de coisa julgada *antes* do resultado daquela?

Para visualizar-se a problemática deste trabalho, cita-se o seguinte caso: foi ajuizada pelo Ministério Público Federal, na data de 07/07/1997, Ação Civil Pública em face da União Federal, a qual tramitou sob o n. 97.0012192-5, na 5ª Vara Federal de Porto Alegre/RS, buscando assegurar a todos os servidores públicos civis ativos, inativos e pensionistas, dos Poderes da União, das autarquias e fundações públicas federais, residentes no Estado do Rio Grande do Sul, o direito ao reajuste de 28,86% sobre os vencimentos e demais retribuições, concedido originariamente com exclusividade aos servidores públicos militares, através das Leis 8.622/93 e 8.627/93, com grave ofensa aos incisos X e XV do art. 37 da Constituição Federal.[311] A ação, após recursos de ambas as partes, restou por reconhecer o direito ao percentual aos servidores acima descritos, alcançando àqueles a vantagem pecuniária inconstitucionalmente suprimida. A decisão de procedência da ação coletiva transitou em julgado na data de 12/04/1999.

Antes dessa ação coletiva, foram ajuizadas inúmeras ações individuais pelos servidores públicos civis federais, as quais foram julgadas improcedentes. Exemplifica-se com a Ação de Procedimento Comum Ordinário, proposta por servidor público federal "X"[312] em face da União Federal, a qual tramitou sob o n. 94.00.02642-0, na Vara Tributária de Porto Alegre/RS. O objeto da ação era o mesmo que o da ação coletiva, qual seja, reajuste de 28,86% concedidos aos servidores militares, decorrentes das Leis 8.622/93 e 8.627/93. Essa ação individual foi julgada improcedente, mantida a sentença em recurso de apelação, com voto divergente. Trânsito em julgado no dia 05/12/1996.[313]

---

[311] Importante registrar que antes da Emenda Constitucional 19/98 os militares compunham a categoria de servidores públicos estatutários, razão pela qual, postulou-se a isonomia. A redação do inciso X do art. 37 da Constituição Federal antes da EC 19/98 era a seguinte: "X – a revisão geral da remuneração dos servidores públicos, sem distinção de índices entre servidores públicos civis e militares, far-se-á sempre na mesma data".

[312] Mesmo que o processo seja público, prefere-se evitar a transcrição do nome do autor.

[313] Disponível em: <www.trf4.gov.br>. Acesso em: 20 nov. 2007.

Percebe-se que o autor da ação individual, em decorrência da formação da coisa julgada, fica impedido de ser beneficiado com a decisão de procedência da ação coletiva, recebendo tratamento jurídico diferenciado em relação aos demais membros da categoria.

A colisão que surge dá-se em torno do princípio da coisa julgada formada na ação individual e o da isonomia. A coisa julgada, da mesma forma que a isonomia, também constitui-se num direito fundamental,[314] e numa norma-princípio. O fim a ser alcançado é a segurança jurídica e a pacificação social com o fim dos conflitos. Não se questiona acerca da *justiça* das decisões proferidas para sua formação; preconiza-se a manutenção da ordem e da estabilidade das relações sociais, indispensáveis para um Estado Democrático de Direito. E, como princípio, admite ponderações, não se revestindo de caráter absoluto.[315]

Sempre que se pensa em coisa julgada, logo vem em mente o princípio da intangibilidade da coisa julgada, o qual não tem sede constitucional, mas sim, infraconstitucional,[316] já que a noção de intangibilidade foi criada pelo legislador ordinário, ao regulamentar o instituto da coisa julgada – este sim, de sede constitucional.

O legislador constituinte protegeu o instituto da coisa julgada em face da superveniência de nova legislação que pudesse atingi-la.[317] Em outras palavras: uma vez que o Poder Judiciário tenha

---

[314] Formal e materialmente fundamental. Remeta-se à nota 319.

[315] Nas palavras de Paulo Roberto de Oliveira Lima: "a referência feita pela Constituição à coisa julgada tem imotivadamente gerado uma espécie de sacralidade do instituto que deve ser desmistificada. Assim, os operadores do Direito, máxime os integrantes do Poder Judiciário, desatentos aos reais objetivos da Constituição, no respeitante à coisa julgada, têm prestigiado o instituto como se o mesmo pertencesse ao Direito Constitucional e se constituísse em princípio magno do sistema jurídico. Por isso mesmo é comum no dia-a-dia forense as sentenças sacrificarem outros direitos e princípios, muita vez efetivamente basilares do sistema, em holocausto à coisa julgada", LIMA, Paulo Roberto de Oliveira. *Contribuição à teoria da coisa julgada*. São Paulo: Revista dos Tribunais, 1997, p. 83.

[316] THEODORO JÚNIOR, Humberto; FARIA, Juliana Cordeiro de. A coisa julgada inconstitucional e os instrumentos processuais para seu controle. *Revista Síntese de Direito Civil e Processual Civil*, Porto Alegre, n. 19, p. 32-52, set-out, 2002.

[317] O que se veda é a lei retroativa, desconstitutiva de direitos subjetivos, de atos jurídicos perfeitos, de sentenças que transitaram em julgado, segundo TESHEINER, José Maria Rosa. *Eficácia da sentença e coisa julgada no processo civil*. São Paulo: Revista dos Tribunais, 2002, p. 171.
Sérgio Gilberto Porto entende que a coisa julgada não se protege apenas dos atos do Poder Legislativo, mas também dos atos do Poder Judiciário e Executivo. PORTO,

decidido uma questão para a qual foi chamado a se manifestar, e adquirindo a decisão força de coisa julgada, não poderá, posteriormente, o Poder Legislativo elaborar e promulgar uma lei que atinja aquela decisão (lei com efeitos retroativos), dispondo de forma diferente a decisão anteriormente proferida, eis que corresponde à modificação daquela, que é o que, justamente, se pretende evitar. Na verdade, trata-se da observância do princípio da irretroatividade da lei. Assim, exceto nessa questão, que é constitucional, toda a disciplina da coisa julgada pode sofrer restrição e/ou ampliação (não-supressão/extinção),[318] eis que cabe ao legislador infraconstitucional regular a matéria conforme a necessidade social.

Assim, diante da colisão entre o princípio da isonomia e o da coisa julgada, por serem normas de natureza principiológica, a solução pode ser obtida a partir da aplicação do princípio[319] da proporcionalidade.[320]

Sérgio Gilberto. *Coisa julgada civil*. 3 ed. rev, atual. e ampl. São Paulo: Revista dos Tribunais, 2006, p.60. Mantém essa interpretação ampliativa, apenas adverte para o fato de que se a lei viola a coisa julgada, o debate tem assento constitucional; se, todavia, nova decisão judicial ofende a coisa julgada, o debate tem suporte meramente infraconstitucional, o que, na prática, corresponde à interposição de recurso distinto, respectivamente, Recurso Extraordinário e Recurso Especial. PORTO, Sérgio Gilberto. *Ação Rescisória atípica: instrumento de defesa da ordem jurídica, possibilidade jurídica e alcance*. Tese (Doutorado em Direito) – Faculdade de Direito, PUCRS, Porto Alegre, 2007, p. 53-54 e 171.

[318] Não se pode suprimir/extinguir a coisa julgada do sistema jurídico, uma vez que se trata de cláusula pétrea, conforme art. 60, § 4º, inciso IV da Constituição Federal.

[319] Robert Alexy o denomina de *"máxima de proporcionalidad"*, ALEXY, Robert. *Teoría de los Derechos Fundamentales*. Madrid: Centro de Estúdios Políticos y Constitucionales, 2001, p. 111. Humberto Bergmann Ávila, por sua vez, considera a proporcionalidade um *postulado normativo*, o qual se situa num plano distinto das normas, cuja aplicação estrutura. ÁVILA, Humberto. *Teoria dos princípios da definição à aplicação dos princípios jurídicos*. 4 ed. rev. São Paulo: Malheiros, 2004, p. 88-89, e ÁVILA, Humberto Bergmann. A distinção entre princípios e regras e a redefinição do dever de proporcionalidade, *Revista de Direito Administrativo*, Rio de Janeiro, n. 215, p. 151-179, jan.- mar., 1999. Luís Virgílio Afonso da Silva entende que se trata de regra, SILVA, Luís Virgílio Afonso da. O proporcional e o razoável. *Revista dos Tribunais*, São Paulo, ano. 91, v. 798, p. 23-47, abr., 2002.

[320] Considerando mais fácil proceder a uma descrição analítica do princípio da proporcionalidade do que pretender conceituá-lo, Wilson Antônio Seinmetz assim expõe: "o princípio da proporcionalidade, em matéria de limitação dos direitos fundamentais, pressupõe a estruturação de uma relação meio-fim, na qual o fim é o objetivo ou finalidade perseguida pela limitação, e o meio é a própria decisão normativa, legislativa ou judicial, limitadora que pretende tornar possível o alcance do

Na maioria das vezes em que é feita referência ao princípio da proporcionalidade, tal como no presente trabalho, faz-se com relação apenas a sua função como proibição de excesso, até por ser notoriamente conhecido e aplicado dessa forma. Todavia, aquele princípio apresenta dupla função: *proibição de excesso* e *proibição de insuficiência*.[321] Como proibição de excesso, segundo Ingo Wolfgang Sarlet, o Estado, que tem o dever de proteger os direitos fundamentais, por meio de seus órgãos e seus agentes, pode acabar afetando de modo desproporcional um direito fundamental. Assim, o princípio da proporcionalidade atua, no plano da proibição de excesso, "como um dos principais limites às limitações dos direitos fundamentais".[322]

O princípio da proporcionalidade, na função de proibição de excesso, é constituído por três subprincípios ou princípios parciais: princípio da adequação (*Grundsatz der Geeignetheit*), princípio da necessidade, ou também chamado de princípio da exigibilidade ou indispensabilidade (*Grundsatz der Erforderlichkeit*) e princípio da proporcionalidade em sentido estrito (*Grundsatz der Verhältnismässigkeit im engeren Sinne*).[323] [324]

Luís Virgílio Afonso da Silva conceitua *adequado* é o "meio com cuja realização de um objetivo é fomentada, promovida, ainda que o objetivo não seja completamente realizado";[325] *necessário* é o ato estatal que limita um direito fundamental somente quando "a realiza-

---

fim almejado. O princípio ordena que a relação entre o fim que se pretende alcançar e o meio utilizado deve ser proporcional, racional, não-excessiva, não-arbitrária. Isso significa que entre meio e fim deve haver uma relação adequada, necessária e racional ou proporcional". SEINMETZ, Wilson Antônio. *Colisão de direitos fundamentais e o princípio da proporcionalidade*. Porto Alegre: Livraria do Advogado, 2001, p. 149.

[321] SARLET, Ingo Wolfgang. Constituição e proporcionalidade: o direito penal e os direitos fundamentais entre proibição de excesso e de insuficiência, *Revista Brasileira de Ciências Criminais*, São Paulo, n. 47, ano 12, p. 60-122, mar.-abr., 2004.

[322] Idem, principalmente p. 98.

[323] SEINMETZ, Wilson Antônio. *Colisão de direitos fundamentais e o princípio da proporcionalidade*. Porto Alegre: Livraria do Advogado, 2001, p. 149.

[324] Robert Alexy considera a adequação, a necessidade e a proporcionalidade em sentido estrito como regra, uma vez que não são ponderadas frente a algo diferente. O que se pergunta é se são satisfeitas ou não, e a não satisfação tem como conseqüência a ilegalidade. ALEXY, Robert. *Teoría de los Derechos Fundamentales*. Madrid: Centro de Estúdios Políticos y Constitucionales, 2001, p. 112.

[325] SILVA, Luís Virgílio Afonso da. O proporcional e o razoável. *Revista dos Tribunais*, São Paulo, ano. 91, v. 798, p. 23-47, abr., 2002.

ção do objetivo perseguido não possa ser promovida, com a mesma intensidade, por meio de outro ato que limite, em menor medida, o direito fundamental atingido"[326] e, por fim, *proporcional em sentido estrito* consiste num "sopesamento entre a intensidade da restrição ao direito fundamental atingido e a importância da realização do direito fundamental que com ele colide e que fundamenta a adoção da medida restritiva".[327]

A outra função do princípio da proporcionalidade, a proibição de insuficiência, pouco explorada ainda pela doutrina, traz o viés oposto ao da proibição de excesso.[328] Se ao Estado incumbe o dever de proteção aos direitos fundamentais, tal dever não pode ser prestado de forma insuficiente, ou seja, aquém do constitucionalmente exigido, ou mesmo, deixando de exercê-lo – nas hipóteses de omissão inconstitucional.[329]

Uma vez expostas as duas funções do princípio da proporcionalidade, passa-se à análise prática: primeiramente da proibição de excesso e, posteriormente, da proibição de insuficiência.

Assim: a) *adequação*: a restrição ao princípio da coisa julgada – formada na ação individual – promove adequadamente o fim pretendido, qual seja a isonomia no tratamento jurídico dos servidores públicos estatutários; b) *necessidade*: a restrição ao princípio da coisa julgada é medida necessária, uma vez que não há outro meio que promova, de forma efetiva, o princípio da isonomia, a partir do respeito à decisão transitada em julgado na ação coletiva e, por fim, c) *proporcionalidade em sentido estrito:* as vantagens na restrição ao princípio da coisa julgada – formada na ação individual – superam as desvantagens da sua restrição, uma vez que à isonomia é dada uma importância maior, uma vez que, ao igualar positivamen-

---

[326] SILVA, Luís Virgílio Afonso da. O proporcional e o razoável. *Revista dos Tribunais*, ano. 91, v. 798, p. 23-47, abr., 2002.

[327] Idem, ibidem.

[328] Adverte Luís Virgílio Afonso da Silva que, se há a possibilidade da aplicação da proporcionalidade em casos que não se relaciona com a *proibição de excesso*, razão há para abandonar o uso deste como sinônimo da proporcionalidade. Idem, principalmente p. 27.

[329] SARLET, Ingo Wolfgang. Constituição e proporcionalidade: o direito penal e os direitos fundamentais entre proibição de excesso e de insuficiência, *Revista Brasileira de Ciências Criminais*, São Paulo, n. 47, ano 12, p. 60-122, mar.-abr., 2004, principalmente p. 98.

te (pelo fato de ser procedente a ação coletiva) todos os servidores públicos estatutários, a partir da leitura constitucional da situação jurídica destes, adota-se uma postura que respeita o indivíduo, tanto enquanto membro da sociedade, quanto enquanto membro de sua categoria, fazendo exalar dessa situação um "ar" de justiça. Tal percepção pode obter boa aceitação por parte da comunidade jurídica e social que tanto aspira por igualdade.[330]

Com relação à função da proibição de insuficiência, pode-se verificar que, caso seja manifestado o interesse na preponderância do princípio da coisa julgada – na ação individual de improcedência –, em respeito à segurança jurídica e à estabilidade das relações, o princípio da isonomia, recebe proteção aquém da devida pelo Estado. Uma das formas de este exercer adequadamente seu dever de proteção aos direitos fundamentais é, a partir da constatação da necessidade de um tratamento jurídico distinto para uma questão (como das decisões judiciais divergentes e do procedimento legal no caso dos servidores públicos estatutários), traçar um procedimento adequado.

---

[330] Há quem identifica uma estreita conexão entre o princípio da proporcionalidade e o da isonomia, no sentido de que a igualdade material somente será alcançada a partir de uma distribuição compatível dessa igualdade. Em outras palavras: pode-se utilizar do princípio da proporcionalidade para verificar se o tratamento igual/desigual visa a um fim constitucionalmente relevante. Nesse sentido, GUERRA FILHO, Willis. Santiago. Sobre princípios constitucionais gerais: isonomia e proporcionalidade, *Revista dos Tribunais*, São Paulo, ano 84, v. 719, p. 57-63, set., 1995. e SEINMETZ, Wilson Antônio. *Colisão de direitos fundamentais e o princípio da proporcionalidade*. Porto Alegre: Livraria do Advogado, 2001, p. 175-182. Para melhor entendimento, cita-se o seguinte exemplo relatado por Heinrich Scholler: o Tribunal Federal Constitucional da Alemanha analisava a constitucionalidade das medidas tomadas pela administração em relação a um aluno, que por ocasião dos exames finais atentou contra o princípio da honestidade, copiando a prova dos colegas. A prática vigente era no sentido de, uma vez detectada a fraude, o aluno era reprovado na prova. Essa medida até pode ser considerada correta quando a fraude é detectada após o término e entrega da prova, já que não é mais possível averiguar quais foram respondidas fraudulentamente. E no caso de mera tentativa ou de ser possível verificar qual dentre as questões foram fraudadas, já se pode duvidar do critério adotado pela administração, à luz da proporcionalidade. Assim, verifica-se que o princípio da proporcionalidade exige uma diferenciação na aplicação da sanção. SCHOLLER, Heinrich. O princípio da proporcionalidade no direito constitucional e administrativo da Alemanha, *Interesse Público*, v.1, n.2, p.93-107, abr.-jun., 1999. Assim, a busca numa desigualdade de tratamento (no exemplo pela medida administrativa) é obtida pela aplicação do princípio da proporcionalidade.

O direito fundamental à isonomia integra a primeira dimensão dos direitos fundamentais, que se caracteriza por serem direitos de defesa frente ao Estado.[331] Não é fácil visualizar esse enquadramento; todavia,

> [...] justifica-se na medida em que garantem a proteção de uma esfera de igualdade pessoal, no sentido de que o indivíduo, em princípio, não pode ser exposto a ingerências causadas por tratamento discriminatório (desigual), gerando, em conseqüência, um direito subjetivo de defesa contra toda e qualquer agressão ao princípio da igualdade.[332]

Expõe-se essa idéia, a partir da seguinte reflexão: os servidores públicos estatutários, pelo vínculo institucional com a Administração Pública, por possuírem regime jurídico específico (estatuto), que lhe garante igualdade de tratamento jurídico, qualquer medida que provoque tratamento discriminatório, como no caso da impossibilidade de extensão dos direitos reconhecidos à categoria – ressaltem-se direitos estes *indivisíveis*, exigindo naturalmente uniformidade de tratamento – pela existência prévia de coisa julgada em ação individual de improcedência, agride o direito à igualdade, gerando, neste indivíduo, um direito subjetivo de defesa, conforme afirmado no texto acima.

O vínculo institucional formado entre o servidor público estatutário e a Administração Pública é uma via de duas mãos, ou seja, gera direitos e deveres para ambos os pólos da relação. A partir da possibilidade de decisões divergentes dentro da categoria, esse vínculo é afetado, ou por que não dizer, alterado. Em outras palavras, os deveres de *todos os servidores públicos estatutários* para com a Administração Pública continuam os mesmos, mas os direitos destes não; ao contrário, são reconhecidos a uns e não a outros, conforme a "sorte ou azar" de terem ajuizado sua ação individual antes ou durante a ação coletiva.

Importante aqui esclarecer os momentos em que pode acontecer a divergência tratada neste trabalho: 1) quando a ação individual é ajuizada *antes* da ação coletiva e o resultado daquela é *anterior* ao

---

[331] Direitos de defesa: demarcam uma zona de não-intervenção do Estado e de uma esfera de autonomia do indivíduo, segundo leciona SARLET, Ingo Wolfang. *A eficácia dos direitos fundamentais*. 7ed. rev. atual. e ampl. Porto Alegre: Livraria do Advogado, 2007, p. 55-56.
[332] Idem, p. 198.

ajuizamento desta; 2) quando a ação individual é ajuizada *depois* da ação coletiva, mas o resultado daquela é *anterior* ao resultado desta e 3) quando a ação individual é ajuizada *após* a ação coletiva, com o resultado de procedência desta.

Nas opções 1 e 2, a decisão de improcedência que forma coisa julgada na ação individual é anterior ao resultado da ação coletiva e, portanto, antes do reconhecimento da decisão ampla que atinge toda a categoria. Na opção 3, mesmo permitindo-se o ajuizamento das ações individuais, pelo resguardo do acesso à justiça ao indivíduo, aquelas seriam extintas sem julgamento de mérito por falta de interesse de agir, uma vez que seu interesse já estaria satisfeito pela ação coletiva.[333-334]

Percebe-se que a adoção da decisão de procedência da ação coletiva, de forma a fazê-la preponderar sobre as decisões de improcedência das ações individuais, é a forma encontrada para se concretizar o princípio da igualdade dos servidores públicos estatutários. Importante ressaltar que a igualdade perante a lei – entendida esta lei como a lei estatutária – para os servidores públicos estatutários está garantida, uma vez que será aplicada a todos que integram a categoria indistintamente. No entanto, a partir da divergência de decisões, tal como apresentada neste trabalho, busca-se a igualdade de fato, além de pretender retomar-se à igualdade jurídica, em atenção ao princípio da igualdade entendido nas duas formas (formal e material).

Saliente-se que a falta de isonomia na *positivação*[335] *de direitos dos servidores públicos estatutários*, pelo óbice da formação da coisa julgada em ação individual de improcedência, está fazendo com

---

[333] Nesse sentido, de extinguir as ações individuais por falta de interesse de agir, uma vez que satisfeito seus interesses, ALVIM, Arruda. Notas sobre a coisa julgada coletiva, *Revista de Processo*, São Paulo, n. 88, ano 22, p. 31- 57, out.-dez, 1997 e LEONEL, Ricardo de Barros. *Manual do processo coletivo*. São Paulo: Revista dos Tribunais, 2002, p. 278.

[334] Importante referir que, via de regra, as decisões nas ações coletivas já dispõe expressamente que, para aqueles indivíduos que não ajuizaram a ação individual podem via administrativa ou de qualquer outra forma, conforme o objeto da ação, obter a satisfação do direito reconhecido, sem precisar postular em juízo, retirando, portanto, o interesse de agir da ação individual. Por essa razão, difícil encontrar ações individuais propostas e/ou julgadas, após a decisão da ação coletiva, em discordância a esta.

[335] Diga-se *positivação*, uma vez que se trata de uniformizar direitos, no sentido de conferi-los, a partir do reconhecimento (procedência) da ação coletiva.

que os operadores do Direito busquem a *isonomia* utilizando-se de meios processuais os mais diversos. Apenas a título de exemplo, pode-se verificar o ajuizamento de inúmeras ações individuais que, após terem tido o julgamento de sua ação improcedente, almejando a isonomia de tratamento com os demais membros da categoria, repropuseram suas ações, com idênticas partes e pedidos, mas com causa de pedir aparentemente distinta, tendo por fundamento a própria isonomia.[336]

Essa situação de discordância e insatisfação com o modo de funcionamento do sistema jurídico na questão do servidor público estatutário está crescendo, tentando o jurisdicionado, justamente, vencer o óbice da coisa julgada proferida na ação individual, eis que para ele, é inadmissível estarem submetidos pela mesma lei, estando em igual situação jurídica, e mesmo assim, receber tratamento jurídico diferente.

A exigência de isonomia é ressaltada por vários autores:

Celso Antonio Bandeira de Mello,

> [...] se são iguais, não há como diferenciá-los, sem desatender à cláusula da isonomia. *Portanto, se a lei confere benefício a alguns que exerceram tais ou quais cargos, funções, atos, comportamentos, em passado próximo e os nega aos que os exerceram em passado mais remoto (ou vice-versa) estará delirando do preceito isonômico* [...].[337]

---

[336] O acórdão da Apelação Cível n. 70012582508 foi um dos marcos desse tipo de ação, entendendo o Tribunal de Justiça do Rio Grande do Sul que não era cabível a repropositura da ação individual, em face da formação de coisa julgada e da eficácia preclusiva da coisa julgada. Para acesso à íntegra da decisão: www.tj.rs.gov.br ou www.tex.pro.br. Outras decisões no mesmo sentido:
Apelação cível. Servidor público. Política de vencimentos do Estado. Equiparação salarial. Reajustes da Lei 10.395/95. Coisa julgada. Pedido já decidido em demanda anterior. A reiteração da mesma pretensão caracteriza coisa julgada e, muito embora os autores aleguem que sua pretensão é a isonomia salarial com integrantes da mesma carreira, postulam, ainda que indiretamente, os reajustes previstos na Lei Estadual 10.395/95. Apelo desprovido. (Apelação Cível Nº 70021243407, Terceira Câmara Especial Cível, Tribunal de Justiça do RS, Relator: Ney Wiedemann Neto, Julgado em 23/10/2007); TJRS, Apelação Cível 70021187380, Terceira Câmara Especial Cível, Relatora Leila Vani Pandolfo Machado, julgado 06/11/2007.
[337] MELLO, Celso Antônio Bandeira de. *O conteúdo jurídico do princípio da igualdade*. 3 ed. atual. São Paulo: Malheiros, 2006, p. 34.

Paulo Roberto de Oliveira Lima:

> No Brasil deste fim de século, onde se vive absoluta liberdade política, pontifica como valor máximo buscado pela sociedade o da isonomia. Nada magoa mais o brasileiro médio, ao menos aquele consciente de sua própria cidadania, do que receber tratamento discriminatório. Hoje se briga nas ruas quando alguém intenta postar-se fora de ordem nas filas (fura a fila). A Constituição de 1988, na esteira de forte pressão popular, rompeu com vários privilégios já tradicionais e a cada momento as pessoas se comparam com as demais para aferir eventuais discriminações. Até as crianças, nos lares e nos colégios, exigem tratamento isonômico. Trata-se seguramente do sentimento que mais concretamente fala ao homem de hoje sobre Direito e Justiça. Nestas circunstâncias, o sistema jurídico não pode deixar sem remédio adequado casos de julgamentos díspares que revoltam os protagonistas, deixam perplexa a sociedade e desorganizam o meio social.
>
> Na questão do pretenso direito adquirido dos empregados e servidores públicos, ao índice de reajuste de 84,32%, em março de 1990, o instituto da coisa julgada garantiu que muitos servidores gozassem do reajuste, vedando igual vantagem a outros tantos. Em alguns casos, a sorte pô-los uns e outros juntos na mesma sala.
> [...]
> Não se agride impunemente a isonomia. Trata-se de valor inestimável a ser preservado pelo Direito, ainda que por sentimento egoístico de autopreservação.[338]

Hugo Nigro Mazzili percebe a problemática do servidor público em face da isonomia, mas deixa de enfrentá-la, curvando-se à previsão legal do CDC e à formação divergente de coisas julgadas (entre a ação individual e a coletiva):

> Julgada procedente uma ação civil pública ou coletiva, com eficácia *erga omnes* e ao mesmo tempo é julgada improcedente uma ação individual que tem a mesma causa de pedir? Suponha-se que se trata de um direito extensivo a todos os servidores públicos.
> [...]
> mesmo esse servidor X deve ser beneficiado pela coisa julgada coletiva. Não teria sentido que o mesmo demandado fosse obrigado a pagar um benefício a todos os seus funcionários, *menos a um único que o acionou individualmente, sem êxito*. Além de negação ao princípio isonômico, seria a existência de coisas julgadas contraditórias, uma, aliás, de maior abrangência que a outra. Essa solução, entretanto, se é mais equitativa, colide frontalmente com a proposta do legislador (CDC, art. 104), que supõe que a coisa julgada coletiva só beneficie o lesado que tenha requerido a suspensão de sua ação individual".[339]

---

[338] LIMA, Paulo Roberto de Oliveira. *Contribuição à teoria da coisa julgada*. São Paulo: Revista dos Tribunais, 1997, p. 110.

[339] MAZZILLI, Hugo Nigro. *A Defesa dos Interesses Difusos em Juízo: meio ambiente, consumidor, patrimônio cultural, patrimônio público e outros interesses*. 16 ed. rev., ampl. e atual. São Paulo: Saraiva, 2003, p. 471.

O alegado óbice legislativo (art. 104 do CDC) citado por Hugo Nigro Mazzili para a uniformização das decisões proferidas à categoria dos servidores públicos estatutários, em verdade, deve ser visto *cum grano salis*. O "óbice" decorre da dificuldade de desvincular-se dos conceitos tradicionais do processo individual[340] e passar a enxergar o novo ramo que trata dos conflitos coletivos: o *processo coletivo*.[341]

5.2. Isonomia e interpretação judicial

Para se alcançar a isonomia, como o fim proposto, a interpretação da lei, que no caso dos servidores públicos estatutários, limita-se à lei específica (estatuto) que rege sua relação com a Administração Pública, não se deve admitir a existência de diversas interpretações vigorantes no sistema, ainda mais quando estas são divergentes entre si. Importante esclarecer que se enfoca na questão da interpretação do estatuto do servidor público estatutário, uma vez que é dele que se extraem os direitos e deveres daquele agente da Administração Pública. Portanto, qualquer dúvida na interpretação do estatuto que seja encaminhada ao Poder Judiciário, será, em sua maioria, no sentido de reconhecer direitos ou não à categoria. Esclareça-se que, qualquer lei posterior, relativa à categoria, integra o próprio regime estatutário – ou melhor denominando de legislação ou de sistema

---

[340] Gregório Assagra de Almeida sustenta que uma das resistências à concepção coletiva de processo é a correta interpretação e aplicação das normas do *direito processual coletivo*, quando a formação do profissional do direito no Brasil é liberal-individualista, calcada no conflito interindividual. ALMEIDA, Gregório Assagra de. *Direito Processual Coletivo Brasileiro: um novo ramo do direito processual (princípios, regras interpretativas e a problemática da sua interpretação e aplicação)*. São Paulo: Saraiva, 2003, p. 586-587.

[341] Nesse sentido, entendendo que o direito processual coletivo é um novo ramo do direito processual, ALMEIDA, Gregório Assagra de. *Direito Processual Coletivo Brasileiro: um novo ramo do direito processual (princípios, regras interpretativas e a problemática da sua interpretação e aplicação)*. São Paulo: Saraiva, 2003, p. 16 e GRINOVER, Ada Pellegrini. Direito Processual Coletivo. In: GRINOVER, Ada Pellegrini; MENDES, Aluisio Gonçalves de Castro; WATANABE, Kazuo. (Coord). *Direito Processual Coletivo e o anteprojeto de Código Brasileiro de Processos Coletivos*. São Paulo: Revista dos Tribunais, 2007, p. 11-15, principalmente p. 11.

estatutário – devendo, portanto, ser interpretado dentro desse contexto.

Como se almeja a isonomia, tal busca poderá ser alcançada a partir de uma única decisão que dê a resposta à categoria, observado, obviamente, o devido processo legal. A resposta à análise do mérito, de procedência na ação coletiva, deverá ser a mesma a todos os servidores públicos estatutários, em razão da natureza coletiva do direito posto em causa.

Segundo Teresa Arruda Alvim Wambier, o "sistema jurídico às vezes 'tolera' por, ausência de expedientes ou caminhos técnicos para evitá-las, decisões diferentes prolatadas em casos idênticos, aos quais o juiz aplica o mesmo texto legal".[342] Assim, a escolha pela observância e prevalência do resultado proferido na ação coletiva pode ser um meio de serem afastadas as diversas decisões judiciais divergentes.

A interpretação do caso, a escolha axiológica será feita pelo juiz/Tribunal competente para julgamento da ação coletiva. Não se almeja a *melhor resposta*, que por si só, autoriza, já de antemão, a existência da *pior* e, portanto, de mais de uma decisão acerca da mesma matéria. Exige-se que a resposta do Poder Judiciário esteja dentro do sistema jurídico, em harmonia com seus valores e normas. Sendo essa resposta o resultado de procedência da ação coletiva, essa será a resposta correta[343] para o caso dos servidores públicos estatutários, a qual corresponderá melhor ao senso de justiça e igualdade de tratamento, podendo-se chamá-la de *razoável*.

Aliás, Robert Alexy, quando expõe acerca do princípio da igualdade e que, a igualdade/desigualdade é uma questão valorativa,[344] com relação à busca pela igualdade material, afirma que "la igualdad material conduce, pues, necesariamente a la cuestión de la valoración correcta y, con ello, a la cuestión de qué es una legislación

---

[342] WAMBIER, Teresa Arruda Alvim. *Controle das decisões judiciais por meio de recursos de estrito direito e de ação rescisória: recurso especial, recurso extraordinário e ação rescisória: o que é uma decisão contrária à lei?* São Paulo: Revista dos Tribunais, 2001, p. 123.
[343] Acreditando existir uma resposta correta aos casos tratados no Poder Judiciário, cuja correção obter-se-ia a partir do controle das decisões judiciais pelos recursos, sem se aprofundar no que seria a "resposta correta", Idem, p. 124.
[344] Remeta-se o leitor ao ponto 2.1 deste livro.

correcta, razonable o justa".[345] Percebe-se que o autor utiliza os termos *razoável, correta ou justa*, como sinônimos, apesar de referir-se à lei, e aqui, transporta-se para o que ora se ocupa, que é a atividade judicial. Luis Recansés Siches expõe as mesmas idéias, inclusive utiliza-as como sinônimo.[346]

Pode-se dizer que a interpretação judicial da lei numa ação coletiva que veicula pretensão de natureza coletiva (direito coletivo *stricto sensu*), em que o resultado é o de reconhecimento do direito ali postulado a toda a categoria, faz com que essa seja a interpretação razoável, correta ou justa da lei, uma vez que o objeto da ação é *indivisível* e atende, perfeitamente, aos princípios da isonomia e da legalidade.[347] Negar-se a extensão dessa decisão aos servidores públicos estatuários que tiveram a mesma pretensão (mas de natureza individual) veiculada em ação individual de improcedência, em face da existência de coisa julgada, é atentatório ao princípio da isonomia.

Quando da interpretação judicial acerca da lei que atinge toda a categoria dos servidores públicos estatutários, a interpretação desigualitária dessa mesma lei, que não desiguala, afronta o princípio da isonomia, uma vez que a igualdade de tratamento jurídico impõe-se a todos os ramos do Estado.[348]

Para reforçar o argumento da prevalência da procedência da ação coletiva em face da ação individual de improcedência, devendo aquela decisão beneficiar a estes, colaciona-se o entendimento de Kazuo Watanabe:

---

[345] ALEXY, Robert. *Teoría de los Derechos Fundamentales*. Madrid: Centro de Estúdios Políticos y Constitucionales, 2001, p. 388.

[346] No mesmo sentido que Luis Recansés Siches. Vide ponto 5.2, em que o pensamento desse autor é melhor desenvolvido.

[347] Diga-se o princípio da legalidade, uma vez que, conforme será tratado no ponto seguinte, tal princípio vincula tanto o servidor público estatutário como a Administração Pública.

[348] Nas palavras de Fábio Konder Comparato: "Quando a Constituição proclama que 'todos são iguais perante a lei' (art. 5, *caput*), ela está proibindo implicitamente, quer a interpretação inigualitária das normas legais, quer a edição de leis que consagrem, de alguma forma, a desigualdade vedada". COMPARATO, Fábio Konder. Precisões sobre os conceitos de lei e de igualdade jurídica. *Revista dos Tribunais*, ano 87, v. 750, p. 11-19, abr. 1998, principalmente, p. 17.

[...] o objetivo colimado pelo legislador, que foi o de tratar molecularmente os conflitos de interesses coletivos, em contraposição à técnica tradicional de solução atomizada, para com isso conferir peso político maior às demandas coletivas, solucionar mais adequadamente os conflitos coletivos, evitar decisões conflitantes e aliviar a sobrecarga do Poder Judiciário atulhado de demandas fragmentárias.[349]

Dessa forma, como já comentado em outro ponto,[350] quando se respeita a coisa julgada da ação individual, sendo excluído o servidor público estatutário do benefício da ação coletiva, pela ânsia de alcançar a isonomia de tratamento, eis que perante a lei o são, os indivíduos repropõem inúmeras outras ação (mesmas ações com causa de pedir baseado na isonomia, ação rescisória, etc). Enfim, cria-se novo conflito, proliferam-se as ações, novamente, de forma atomizada, sobrecarregando, sem necessidade, o Poder Judiciário.

Caso adote-se o entendimento aqui defendido, essa realidade – e já é uma realidade –, pode ser evitada.

Cabe aqui, perfeitamente, a observação de Sérgio Gilberto Porto, de que o Direito não cria a realidade, mas serve a ela.[351]

5.3. Isonomia e administração pública

A Administração Pública está submetida ao princípio da legalidade e aqui, diga-se, tanto em seu viés *legalista* quanto *constitucionalista*. Isso significa dizer, em outras palavras, que a Administração Pública, em todos os seus atos, deve observar os valores e normas constitucionais, dentre estes, o princípio da isonomia.

Tão relevante é a influência desse princípio nessa área do Direito Público que todos os indivíduos têm o direito de, igualmente, receberem o mesmo serviço público, com direito ao mesmo trata-

---

[349] WATANABE, Kazuo. Demandas coletivas e os problemas emergentes da práxis forense, *Revista de Processo*, São Paulo, ano 17, v. 67, p. 15-25, jul-set. 1992, principalmente 19.
[350] Vide ponto 4.1.2 e 4.2.
[351] PORTO, Sérgio Gilberto. Da tutela coletiva e do CPC (indagações e adaptações), *Revista da Ajuris*, Porto Alegre, n. 57, ano XX, p. 136-148, mar. 1993. Aduzia o autor à realidade das comunidades de fato que não podem atuar em Juízo, cabendo, portanto, ao Direito buscar resolver esta problemática.

mento por parte da Administração Pública.[352] Dentro desse contexto, não pode esta privilegiar alguns agentes públicos (e aqui se incluem os servidores públicos estatutários) criando benefícios ou prejuízos, *pessoalizando* o destinatário da medida. Por esse motivo, as relações da Administração Pública são permeadas pelo princípio da impessoalidade – também previsto no *caput* do art. 37 da Constituição Federal.

Apesar de já se ter exposto acerca do princípio da legalidade,[353] convém ressaltar que a lei – e, diga-se, a legislação estatutária –, submete a Administração Pública a fazer o que está nela disposto, e na forma que está disposto. A lei diz respeito ao vínculo institucional, tanto que se o servidor público é estatutário, porque existe uma lei que criou seu cargo e dispõe sobre ele. E por ser lei geral e abstrata relativa à categoria, trata a todos da mesma forma, pois é assim que devem ser tratados. Se a Administração Pública deixa de cumprir ao que está disposto na lei, geralmente, o faz de forma ampla, ou seja, a todos os servidores públicos estatutários e não de forma pessoalizada. E aí, mesmo que submetida ao princípio da legalidade no agir, deixando de observá-lo de forma ampla, não cria privilégios, trata igualmente a todos, cumprindo, de uma forma às avessas, o princípio da legalidade e da isonomia.

Nesse contexto, de inobservância à lei pela Administração Pública, é que surgem milhares de ações judiciais, tanto propostas na forma individual, quanto na forma coletiva. E aqui, a divergência ora tratada.

É importante observar-se que a lei, a qual se constitui na fonte da desigualdade após decisões judiciais, atinge o próprio vínculo institucional; o que, *a priori*, é para dar segurança ao servidor público estatutário, quando ingressa no serviço público, *a posteriori*, surge como fator de desigualdade e de insegurança. Para a Administração Pública, bem como para o cidadão, o vínculo estatutário também se constitui em segurança.

Fábio Konder Comparato apresenta um novo conceito de lei, o conceito político, justificando que o Poder Legislativo, como representante da vontade do povo, manifesta essa vontade por meio da

---

[352] ARAÚJO, Edmir Netto de. *Curso de Direito Administrativo*. São Paulo: Saraiva, 2005, p. 55.
[353] Vide ponto 2.2.1.

lei, a qual deve atender aos interesses do povo, do bem comum.[354] Pois bem, é do interesse da categoria que a lei valha para todos que estejam em igual situação, já que é a mesma lei que os vincula, que os regra, que os iguala.

Vincular igualmente os servidores públicos estatutários à Administração Pública, relativamente aos seus deveres, estando estes submetidos aos interesses daquela – tanto que, a título de exemplo, o servidor público federal estatutário pode ser removido de ofício no interesse da Administração Pública[355] –, mas vinculá-los desigualmente relativamente aos direitos, é medida contrária, além dos interesses da categoria, principalmente, à Constituição Federal. Em outras palavras: a lei (estatuto) é uma via de duas mãos: vincula o servidor público estatutário (vínculo este institucional) e vincula a Administração Pública. Portanto, ambos submetidos ao princípio da legalidade. Essa "via" deve ser a mesma, com fluxo contínuo, não pode "abrir vias secundárias", pois se assim o fizer (e é isso que acontece quando existem decisões divergentes), o vínculo institucional restará modificado na sua rota, na sua essência.[356]

Ainda, a Administração Pública, sofrendo a incidência do princípio da legalidade, agora em seu viés constitucionalista, ao tratar desigualmente servidores públicos estatutários, mesmo que em decorrência de decisão judicial, age contrariamente aos valores e normas constitucionais.

Percebe-se que não se pretende evitar e/ou proibir a intervenção do Poder Judiciário no agir da Administração Pública, até porque além de inviável, afrontaria a Constituição Federal, observadas as competências respectivas de cada órgão. O que se pretende evitar é que essa intervenção atue em desconformidade com os valores e

---

[354] COMPARATO, Fábio Konder. Precisões sobre os conceitos de lei e de igualdade jurídica. *Revista dos Tribunais,* São Paulo, ano 87, v. 750, p. 11-19, abr. 1998, principalmente, p. 17.
[355] Conforme previsto no parágrafo único, inciso I do art. 36 da Lei 8.112/90:
Parágrafo único. Para fins do disposto neste artigo, entende-se por modalidades de remoção:
I – de ofício, no interesse da Administração;
[356] Nas palavras de Paulo Roberto de Oliveira Lima: "Toda vez que determinado julgado, mesmo que irrecorrível, terminar por conduzir a administração a agir em desacordo com a lei, deve existir espaço processual próprio para a desconstituição da coisa julgada". LIMA, Paulo Roberto de Oliveira. *Contribuição à teoria da coisa julgada.* São Paulo: Revista dos Tribunais, 1997, p. 156.

normas constitucionais, ou, em outras palavras, atue contrariamente ao princípio da isonomia e da legalidade. Segundo Paulo Roberto de Oliveira Lima, a culpa não é do Poder Judiciário, por qualquer de seus Tribunais e juízos, mas sim do próprio sistema que propicia tais disparidades.[357]

Uma das maneiras que se pode afastar o desrespeito aos princípios da isonomia e da legalidade, fazendo com que a Administração Pública atue em total conformidade com a Constituição Federal, é observar o estrito cumprimento "positivo" do resultado da ação coletiva, que reconhece direitos à categoria de forma uniforme, isonômica.

Miguel Seabra Fagundes ressalta a importância do princípio da isonomia, o qual pode contribuir ao aperfeiçoamento da ordem legal sob a supremacia da ordem constitucional.[358] E realmente, nesse caso, somente vem a contribuir para o desenvolvimento da ordem jurídica, na seara dos servidores públicos estatutários.

Em face da explicação feita, denota-se uma intensa conexão de princípios que permeiam a relação entre o servidor público estatutário e a Administração Pública, que, ao fim e ao cabo, visam à promoção da isonomia.

Apenas a título de comentário, é possível que o entendimento adotado neste trabalho contrarie os interesses da Administração Pública, eis que, por questões políticas, orçamentárias, entre outras, até é interessante que, por exemplo, o indivíduo que teve sua ação individual julgada improcedente não seja beneficiado com o alcance da decisão de procedência da ação coletiva, se esta resulta em aumento nos vencimentos daquele. Dentro desse ponto de vista, a desigualdade gerada acaba por beneficiar a Administração Pública.

O Estado, conhecedor dos efeitos *amplos* e, por que não, muitas vezes *nefastos*, de uma ação coletiva de procedência, quando figura como réu, já utilizou de leis para tentar burlar tais efeitos. Cite-se o parágrafo único do art. 1º da Lei 7.347/85[359] – LACP –,

---

[357] LIMA, Paulo Roberto de Oliveira. *Contribuição à teoria da coisa julgada*. São Paulo: Revista dos Tribunais, 1997, p. 116.
[358] FAGUNDES, Miguel Seabra. O princípio constitucional da igualdade perante a lei e o Poder Legislativo. *Revista dos Tribunais,* São Paulo, ano 44, v. 235, p. 3-15. maio 1955.
[359] Parágrafo único. Não será cabível ação civil pública para veicular pretensões que envolvam tributos, contribuições previdenciárias, o Fundo de Garantia do Tempo de Serviço – FGTS ou outros fundos de natureza institucional cujos beneficiários podem ser individualmente determinados.

com redação dada pela Medida Provisória 2.180-35[360] que, simplesmente, impede o ajuizamento de ações que veiculem pretensões que envolvam tributos, contribuições previdenciárias, Fundo de Garantia do Tempo de Serviço – FGTS – ou ainda quaisquer outros fundos de natureza institucional, cujos beneficiários podem ser individualmente determinados. Ora, o direito impedido de postular é *direito coletivo stricto sensu*, de mesma natureza dos servidores públicos estatutários, transindividual e indivisível. Imagine o prejuízo financeiro para a Administração Pública se o resultado da ação coletiva for de procedência, caso tal ação fosse ajuizada. Por interesse próprio, editou ato de aparente legalidade, em total desrespeito ao princípio do acesso à justiça e da isonomia.[361] Medidas restritivas assim, somente vêm de encontro ao avanço de um processo coletivo eficaz e constitucional.

A igualdade é um ideal a ser buscado na realidade, ela não tem como existir sozinha, por isso é importante perceber a necessidade, os anseios dessa categoria, as particularidades da relação, para assim, adequar-se àquela.

5.4. Isonomia e ação coletiva

A preponderância do resultado de procedência da ação coletiva no caso dos servidores públicos estatutários é a forma encontrada para se fazer concretizar o princípio da isonomia. Desconstitui-se a coisa julgada formada na ação individual e deixa-se de existir o "óbice" para a plenitude da procedência da ação coletiva, promovendo-se a isonomia. Não se ignora o fato de que se trata da forma de

---

[360] Que ainda está em tramitação. Disponível em: <https://www.planalto.gov.br/ccivil_03/MPV/Quadro/_Quadro%20Geral.htm#anterioremc.>. Acesso em: 8 nov. 2007.
[361] Ricardo de Barros Leonel criticando a redação do art. 16 da LAP, fruto da aprovação da Medida Provisória 1.570-5/1997, a qual determinou a restrição territorial da decisão que forma coisa julgada *erga omnes* aos limites do órgão prolator, expõe o seguinte: "Evidente o escopo do Poder Executivo federal: legislar em causa própria para restringir a efetividade de processo coletivo, na medida em que ele mesmo figura reiteradamente como violador do ordenamento constitucional, ostentando a condição de réu em ações coletivas". LEONEL, Ricardo de Barros. *Manual do processo coletivo*. São Paulo: Revista dos Tribunais, 2002, p. 283.

exercício de direitos distintos – ação coletiva e ação individual –, ou seja, do titular enquanto membro da categoria e do titular enquanto indivíduo, respectivamente – mas, se o objeto é o mesmo e, pelo fato de se ter reconhecido o direito relativo aos servidores públicos estatutários numa ação coletiva decorrente da interpretação judicial da mesma lei estatutária (relativa a essa mesma categoria), cuja decisão é ampla e incide uniformemente ou, *isonomicamente,* sobre todos os integrantes da categoria, enquanto assim considerados, é essa que deve ser observada. Em outras palavras, isso significa dizer que, ao titular enquanto indivíduo, que teve sua ação julgada improcedente, mesmo que tenha exercido seu direito individual de acesso à justiça, *nesse caso,* será beneficiado pela decisão, *devendo ser estendido o direito por aplicação do princípio da isonomia.*

Importante esclarecer-se a forma como se sustenta a extensão do direito coletivo *stricto sensu* ao titular do direito individual, quando se postula idêntico objeto.

Sérgio Gilberto Porto observa que o direito coletivo *stricto sensu* é transindividual e de natureza indivisível, conforme disposto nos arts. 87 e 88 do Código Civil,[362] que significa que "a) a divisão importaria em alteração da substância do bem da vida; b) ou ainda são indivisíveis por vontade das partes ou por imposição da lei".[363]

No caso dos servidores públicos estatutários, pode-se dizer que ambas as alternativas serviriam para justificar a necessidade da observância da indivisibilidade e, por via de conseqüência, da procedência da ação coletiva, que, por sua vez, mantém a uniformidade, a isonomia no tratamento, no seguinte sentido: a) a divisão do resultado da ação (acolhimento da pretensão coletiva), cuja titularidade é de toda a categoria de servidores públicos estatutários, altera a sua substância, eis que se é para um, é para todos na mesma situação e assim extensiva a toda a categoria, sem exceção e, b) a lei – o CDC – dispõe de forma inequívoca que o direito coletivo *stricto sensu* é *in-*

---

[362] Art. 87. Bens divisíveis são os que se podem fracionar sem alteração na sua substância, diminuição considerável de valor, ou prejuízo do uso a que se destinam.
Art. 88. Os bens naturalmente divisíveis podem tornar-se indivisíveis por determinação da lei ou por vontade das partes.
[363] PORTO, Sérgio Gilberto. *Ação Rescisória atípica: instrumento de defesa da ordem jurídica, possibilidade jurídica e alcance.* Tese (Doutorado em Direito) – Faculdade de Direito, PUCRS, Porto Alegre, 2007, p. 63.

divisível. Portanto, se na primeira opção há a "brecha" para as ações individuais, apesar da pretensão ser a mesma, já na segunda, aquela inexiste. Desta forma, mais uma razão para se dar prevalência ao resultado "positivo" da ação coletiva, além das demais, que a esta se somam.

Kazuo Watanabe sustenta que se uma ação individual veicula escopo coincidente com o de uma ação coletiva, há um *bis in idem*, que deve ser vedado, sendo inadmissível, portanto, o ajuizamento daquela, já que poderá dar origem a conflitos práticos, e não apenas lógicos de julgados.[364] Parte da idéia de que se a pretensão das ações individuais é a mesma da ação coletiva, objetivando idêntico resultado, então a pretensão é coletiva e não pode ser veiculada em ações individuais – as quais foram denominadas pelo autor de "pseudo-individuais". As ações individuais seriam apenas "individuais" no sentido de que "são propostas por indivíduos, mas a pretensão é de alcance coletivo, pois beneficia a totalidade das pessoas que se encontram na mesma situação".[365]

Em outras palavras: se há direito individual, este decorre de uma situação particular, relativa ao indivíduo isoladamente considerado – direito individual heterogêneo.[366] Se se está a tratar de um

---

[364] WATANABE, Kazuo. Relação entre demanda coletiva e demandas individuais. In: GRINOVER, Ada Pellegrini; MENDES, Aluisio Gonçalves de Castro; WATANABE, Kazuo. (Coord.) *Direito Processual Coletivo e o anteprojeto de Código Brasileiro de Processos Coletivos*, São Paulo: Revista dos Tribunais, 2007, p. 156-160 principalmente, 157.

[365] WATANABE, Kazuo. Relação entre demanda coletiva e demandas individuais. In: GRINOVER, Ada Pellegrini; MENDES, Aluisio Gonçalves de Castro; WATANABE, Kazuo. (Coord.) *Direito Processual Coletivo e o anteprojeto de Código Brasileiro de Processos Coletivos*. São Paulo: Revista dos Tribunais, 2007, p. 156-160, principalmente, 157. E continua o autor à p. 158: "Muitos erros têm sido cometidos na práxis forense pela desatenção dos operadores do direito às peculiaridades da relação jurídica material em face da qual é deduzido o pedido de tutela jurisdicional, como a inadmissível fragmentacao de um conflito coletivo em múltiplas demandas coletivas, quando seria admissível uma só, ou senão a propositura de demandas pseudo-individuais fundadas em relação jurídica substancial de natureza incindível". No mesmo sentido, de que pela indivisibilidade do objeto não se deve admitir ações individuais, MENDES, Aluisio Gonçalves de Castro. O Anteprojeto de Código Brasileiro de Processos Coletivos: visão geral e pontos sensíveis. In: GRINOVER, Ada Pellegrini; MENDES, Aluisio Gonçalves de Castro; WATANABE, Kazuo. (Coord.) Op. cit., p. 16-32, principalmente 30-31.

[366] Segundo Sérgio Gilberto Porto, atualmente há quatro diferentes categorias de direitos a serem tutelados: a) os tradicionais direitos individuais heterogêneos; b)

direito coletivo *stricto sensu*, que decorre da interpretação de lei estatutária que interessa a toda a categoria, como é o caso, não há como cindi-lo, sustentando a preservação da esfera individual. Esta esfera é preservada com relação ao acesso à justiça, e não com relação ao direito, eis que este é naturalmente coletivo. Conclui-se, portanto, que são direitos distintos na forma de exercício (individual ou coletiva), mas uma vez veiculando ambas ações idêntico objeto, denota-se que o direito é da coletividade e assim, as ações individuais não poderiam ser propostas.

Compartilha-se com o entendimento de Kazuo Watanabe de que as ações individuais seriam "pseudo-individuais", mas essa idéia pode ser sustentada apenas na teoria, uma vez que a realidade é outra. Ou seja, não se tem atualmente como impedir o ajuizamento de ações individuais por parte do servidor público estatutário individualmente considerado, por força do direito do acesso à justiça. Dessa forma, a problemática aqui tratada, continuará a ocorrer caso não se dê tratamento diferenciado a essa situação.

Com a diferenciação feita entre o direito individual e o direito coletivo *stricto sensu*, entenda-se que, como houve o efetivo exercício do direito individual por parte do servidor público estatutário – direito individual de acesso à justiça –, não há como ignorar o fato de que houve uma ação que movimentou toda a estrutura do Poder Judiciário, bem como que houve uma resposta por parte deste órgão, e que no caso, foi de improcedência. Isso significa dizer que, ao fazer-se preponderar o resultado positivo da ação coletiva, esta atingirá os membros da categoria, enquanto assim considerados, por ser direito coletivo *stricto sensu*, bem como aqueles membros que, por terem exercido direito individual, em razão do acesso individual à justiça, foram excluídos. Dessa forma, para serem "atingidos" pela decisão coletiva, deve haver a extensão do direito nesta reconhecido ao indivíduo, promovendo, a partir dessa nova situação jurídica, a uniformidade de tratamento, a igualdade almejada, conformando-se o caso dos servidores públicos estatutários à Constituição Federal. A extensão do direito dar-se-á a partir da extensão dos efeitos da

---

os direitos individuais homogêneos; c) os direitos coletivos propriamente ditos; e, d) os direitos coletivos de natureza difusa. PORTO, Sérgio Gilberto. *Ação Rescisória atípica: instrumento de defesa da ordem jurídica, possibilidade jurídica e alcance*. Tese (Doutorado em Direito) – Faculdade de Direito, PUCRS, Porto Alegre, 2007, p. 62.

decisão que transitou em julgado, de forma a beneficiar o indivíduo com a decisão de procedência.[367]

Provavelmente, outros problemas surgirão, mas acredita-se que a solução aqui preconizada atende aos anseios da sociedade, da coletividade e, principalmente, atende aos valores e às normas constitucionais.

---

[367] Vide ponto 4.2 acerca da extensão dos efeitos da decisão que transitou em julgado.

6. Tratamento do tema pelo Anteprojeto do Código Brasileiro de Processos Coletivos

O Anteprojeto do Código Brasileiro de Processos Coletivos demonstra a necessidade de normas específicas para o disciplinamento das questões relativas aos direitos de natureza coletiva: direitos difusos, coletivos *stricto sensu* e individuais homogêneos, a partir do surgimento desse novo ramo do Direito Processual.[368]

O histórico da discussão, das idéias, das entidades envolvidas na elaboração do Anteprojeto do Código Brasileiro de Processos Coletivos consta na respectiva Exposição de Motivos, cujo Anteprojeto foi entregue pelo Instituto Brasileiro de Direito Processual ao Governo em 31 de janeiro de 2007.[369]

O Anteprojeto mantém, na sua essência, as disposições em vigor, mas as aperfeiçoa, a partir de normas mais claras, mais flexíveis e abertas, visando a adequar-se ao direito tutelado.[370] Mas neste ponto,

---

[368] Ada Pellegrini Grinover, uma das incentivadoras e elaboradoras do Anteprojeto do Código Brasileiro de Processos Coletivos, conclui acerca da "existência de um novo ramo do direito processual, o *direito processual coletivo*, contando com princípios revisitados e institutos fundamentais próprios e tendo objeto bem-definido: a tutela jurisdicional dos interesses ou direitos difusos, coletivos e individuais homogêneos", GRINOVER, Ada Pellegrini. Direito Processual Coletivo. In: GRINOVER, Ada Pellegrini; MENDES, Aluisio Gonçalves de Castro; WATANABE, Kazuo. (Coord.) *Direito Processual Coletivo e o anteprojeto de Código Brasileiro de Processos Coletivos*. São Paulo: Revista dos Tribunais, 2007, p. 11-15, principalmente 15.

[369] INSTITUTO BRASILEIRO DE DIREITO PROCESSUAL. *Anteprojeto do Código Brasileiro de Processos Coletivos*. 2007. Disponível em: <http://www.direitoprocessual.org.br/site/index.php?m=enciclopedia&categ=16&t=QW50ZXByb2pldG9zI GRvIElCRFAgLSBBbnRlcHJvamV0b3M=>. Acesso em: 7 nov. 2007.

[370] Exposição de Motivos do Anteprojeto do Código Brasileiro de Processo Coletivo, ponto 4. INSTITUTO BRASILEIRO DE DIREITO PROCESSUAL. *Anteprojeto do*

não importa deter-se nessas modificações, e sim, trazer, ainda que de forma breve, a redação dos artigos que se relacionam com o tema deste trabalho.

O art. 7º do Anteprojeto do Código Brasileiro de Processos Coletivos trata das relações entre as demandas coletivas e individuais.[371] Manteve-se no *caput* do referido artigo a previsão de que a demanda coletiva não induz litispendência para a demanda individual, bem como a extensão do julgado somente aos autores das demandas individuais que, no prazo legal, requereram a devida suspensão.[372]

Surge como "obrigação" para o demandado na ação coletiva cientificar o autor da demanda individual acerca da existência da ação coletiva com idêntico bem jurídico, sob pena de, ser estendido o resultado de procedência da ação coletiva inclusive à demanda individual, mesmo que o resultado tenha sido de improcedência – § 1º art. 7º.[373] Neste ponto, denota-se a importância dada ao *direito individual,* no sentido de oportunizar ao autor da ação a opção em submeter-se ou não à decisão proferida na ação coletiva, a partir da cientificação do ajuizamento desta.[374] Caso não tenha o autor da ação individual sido corretamente cientificado, não poderá vir a ser prejudicado, mas somente beneficiado.

O § 2º do art. 7º traça de forma muito clara a faculdade do autor da demanda individual de requerer a retomada do curso da sua

---

Código Brasileiro de Processos Coletivos. 2007. Disponível em: <http://www.direitoprocessual.org.br/site/index.php?m=enciclopedia&categ=16&t=QW50ZXByb2pl dG9zIGRvIElCRFAgLSBBBbnRlcHJvamV0b3M=>. Acesso em: 7 nov. 2007.

[371] Para utilizar-se da mesma terminologia do Anteprojeto.

[372] Art. 7º *Relação entre demanda coletiva e ações individuais* – A demanda coletiva não induz litispendência para as ações individuais em que sejam postulados direitos ou interesses próprios e específicos de seus autores, mas os efeitos da coisa julgada coletiva (art. 13 deste Código) não beneficiarão os autores das ações individuais, se não for requerida sua suspensão no prazo de 30 (trinta) dias, a contar da ciência efetiva da demanda coletiva nos autos da ação individual.

[373] § 1º Cabe ao demandado informar o juízo da ação individual sobre a existência de demanda coletiva que verse sobre idêntico bem jurídico, sob pena de, não o fazendo, o autor individual beneficiar-se da coisa julgada coletiva mesmo no caso de a ação individual ser rejeitada.

[374] Esse o critério adotado pelo Anteprojeto. Percebe-se que está a legislação infraconstitucional (caso seja aprovada) a restringir a coisa julgada. Para tanto, remeta-se o leitor para o ponto 4.1.

ação, submetendo-se ao risco da contrariedade da sua decisão com a que for proferida na demanda coletiva.[375] Mais uma vez, denota-se a preservação do *direito individual*, permitindo que este se dirija ao Juízo e postule e prove suas próprias alegações.

O § 3º do art. 7º é muito interessante. Vale a pena transcrevê-lo:

> § 3º O Tribunal, de ofício, por iniciativa do juiz competente ou a requerimento da parte, após instaurar, em qualquer hipótese, o contraditório, poderá determinar a suspensão de processos individuais em que se postule a tutela de interesses ou direitos referidos a relação jurídica substancial de caráter incindível, pela sua própria natureza ou por força de lei, a cujo respeito as questões devam ser decididas de modo uniforme e globalmente, quando houver sido ajuizada demanda coletiva versando sobre o mesmo bem jurídico.

A referência à *relação jurídica substancial de caráter incindível pela sua própria natureza* remete diretamente ao conceito de *direito coletivo stricto sensu*, direito este que correspondente à categoria dos servidores públicos estatutários, que, inclusive enfatiza o dispositivo, as *questões devem ser decididas de forma uniforme e globalmente*. Em outras palavras: com esse procedimento, buscar-se-á alcançar a igualdade de tratamento; a igualdade de decisões, já que o direito posto em causa é essencialmente coletivo.

Registra-se que essa disposição trata das *ações individuais* propostas *antes* da *ação coletiva*, enfocando outro momento, distinto daquele em que se caracterizaria a litispendência, uma vez que esta pressupõe que as ações individuais já estejam em tramitação, quando for proposta a ação coletiva com idêntico objeto.

Determinada a suspensão das ações individuais pelo Tribunal, conforme determina o § 3º do art. 7º do Anteprojeto, fica vedado ao autor retomar o curso da sua demanda, estando obrigado, por lei (caso seja aprovado), a aguardar a decisão da ação coletiva, conforme § 4º do art. 7º.[376]

---

[375] § 2º A suspensão do processo individual perdurará até o trânsito em julgado da sentença coletiva, facultado ao autor requerer a retomada do curso do processo individual, a qualquer tempo, independentemente da anuência do réu, hipótese em que não poderá mais beneficiar-se da sentença coletiva.

[376] § 4º Na hipótese do parágrafo anterior, a suspensão do processo perdurará até o trânsito em julgado da sentença coletiva, vedada ao autor a retomada do curso do processo individual antes desse momento.

O art. 8º do Anteprojeto trata da comunicação dos processos repetitivos. Dispõe que, verificando o juiz a existência de diversos processos individuais propostos contra o mesmo demandado, com identidade de fundamento jurídico, deverá notificar o Ministério Público e, na medida do possível, os demais legitimados, para que proponham, querendo, demanda coletiva, ressalvada aos autores das demandas individuais a faculdade prevista no artigo 7º.[377]

Denota-se, pelas propostas apresentadas, uma tendência à uniformização dos julgados, almejando a concretização do princípio da isonomia, evitando-se, decisões divergentes, pois como diz Teresa Arruda Alvim Wambier, "o sistema não 'quer' que haja decisões diferentes em casos assim, apenas *tolera*".[378]

Pela leitura dos dispositivos, percebe-se que a problemática do presente trabalho não foi objeto do Anteprojeto do Código Brasileiro de Processos Coletivos, isto é, no caso de ter sido julgada improcedente a ação individual e *posteriormente* ter sido a ação coletiva julgada procedente.[379] E tal fato não surpreende, uma vez que as reflexões aqui trazidas são complexas e podem gerar inúmeros problemas práticos e/ou jurídicos sequer imaginados.

Muitos concordarão com as idéias trazidas, muitos discordarão e outros tantos, ao menos, refletirão. E é justamente isso que se pre-

---

[377] Art. 8º *Comunicação sobre processos repetitivos*. O juiz, tendo conhecimento da existência de diversos processos individuais correndo contra o mesmo demandado, com identidade de fundamento jurídico, notificará o Ministério Público e, na medida do possível, outros legitimados, a fim de que proponham, querendo, demanda coletiva, ressalvada aos autores individuais a faculdade prevista no artigo anterior.
Parágrafo único. Caso o Ministério Público não promova a demanda coletiva, no prazo de 90 (noventa) dias, o juiz, se considerar relevante a tutela coletiva, fará remessa das peças dos processos individuais ao Conselho Superior do Ministério Público, que designará outro órgão do Ministério Público para ajuizar a demanda coletiva, ou insistirá, motivadamente, no não ajuizamento da ação, informando o juiz.
[378] WAMBIER, Teresa Arruda Alvim. *Controle das decisões judiciais por meio de recursos de estrito direito e de ação rescisória: recurso especial, recurso extraordinário e ação rescisória: o que é uma decisão contrária à lei?* São Paulo: Revista dos Tribunais, 2001, p. 123.
[379] Exceto no caso de não ter sido cientificado o autor da ação individual, caso em que, mesmo que tenha sido julgada improcedente, beneficiar-se-á com a procedência da ação coletiva. Mas observe-se: as ações tramitam concomitantemente, para que possa dar-se a ciência efetiva.

tende: trazer o problema para reflexão! Porque o problema existe e é atual.

Aluísio Gonçalves de Castro Mendes, otimista com a aprovação do Anteprojeto do Código Brasileiro de Processos Coletivos, exclama:

> O momento é de aprofundamento das discussões em torno das propostas ventiladas. Espera-se que desse debate surja um Projeto de Código Brasileiro de Processos Coletivos, que venha a ser aprovado pelo Congresso Nacional e represente, de fato, um avanço, fortalecimento e desenvolvimento, em termos de legislação do direito processual coletivo, contribuindo-se para a melhoria do acesso à Justiça, da economia processual e judicial, da preservação do princípio da isonomia e do equilíbrio entre as partes na relação processual, consubstanciando-se, assim, em uma melhoria na prestação jurisdicional para a sociedade brasileira.[380]

Realmente, é hora de debate e de estudo, eis que está por vir regramento a um novo ramo do Processo Civil, o processo coletivo, tão importante quanto o processo individual, eis que atento às novas necessidades e realidades. Talvez com a aprovação do Anteprojeto do Código Brasileiro de Processos Coletivos, seja dada a devida atenção e valorização que merecem as decisões proferidas nas ações coletivas.

---

[380] MENDES, Aluisio Gonçalves de Castro. O Anteprojeto de Código Brasileiro de Processos Coletivos: visão geral e pontos sensíveis. In: GRINOVER, Ada Pellegrini; MENDES, Aluisio Gonçalves de Castro; WATANABE, Kazuo. (Coord.) *Direito Processual Coletivo e o anteprojeto de Código Brasileiro de Processos Coletivos*. São Paulo: Revista dos Tribunais, 2007, p. 16-32, principalmente 17.

7. Considerações finais

Nosso sistema jurídico tolera a existência de decisões divergentes por parte dos Tribunais. Por força da formação da coisa julgada em ação individual, o autor vencido não é beneficiado com a decisão proferida em ação coletiva, mesmo que nela se reconheça o direito pertencente à categoria. Dessa forma, permite-se que dois servidores públicos estatutários, regidos pela mesma lei, em identidade de situação, sejam tratados de maneira diversa, em atenção à coisa julgada, ainda que em desrespeito ao princípio da isonomia.

O presente trabalho busca apresentar o problema que se verifica a partir da divergência de interpretações da lei estatutária, uma vez que o direito posto em causa é naturalmente coletivo. Conclui-se que a preponderância da decisão de procedência proferida na ação coletiva, estendendo o direito nela reconhecido também aos servidores públicos estatutários que anteriormente obtiveram decisão de improcedência em suas ações individuais alcança a equiparação e o tratamento igualitário que tal direito exige.

Acredita-se que essa sistemática tutela adequadamente a categoria dos servidores públicos estatutários, bem como e, principalmente, conforma-se com a nossa norma ápice: a Constituição Federal.

Referências

ALEXY, Robert. *Teoría de los Derechos Fundamentales*. Madrid: Centro de Estudios Políticos y Constitucionales, 2001.

ALMEIDA, Gregório Assagra de. *Direito Processual Coletivo Brasileiro: um novo ramo do direito processual (princípios, regras interpretativas e a problemática da sua interpretação e aplicação)*. São Paulo: Saraiva, 2003.

ALVIM, Theresa Arruda. *Questões prévias e os limites objetivos da coisa julgada*. São Paulo: Revista dos Tribunais, 1977.

——. Apontamentos sobre as ações coletivas. *Revista de Processo*, São Paulo, n. 75, ano 19, p. 273-283, jul.-set. 1994.

——. Notas sobre a coisa julgada coletiva, *Revista de Processo*, São Paulo, ano 22, n. 88, p. 31-57, out.– dez., 1997.

ARAGÃO, Alexandre Santos de. A concepção pós-positivista do princípio da legalidade. *Revista de Direito Administrativo*, Rio de Janeiro, v. 236, p. 51-64, abr.-jun. 2004.

ARAGÃO, Egas Dirceu Moniz de. *Sentença e coisa julgada: exegese do Código de Processo Civil (art. 444 a 475)*. Rio de Janeiro: Aide, 1992

ARAÚJO, Edmir Netto de. *Curso de Direito Administrativo*. São Paulo: Saraiva, 2005.

ASSIS, Araken de. Breve contribuição ao estudo da coisa julgada nas ações de alimentos, *Ajuris*, Porto Alegre, v. 16, n.46, p. 77-96, jul., 1989.

ÁVILA, Humberto. *Teoria dos princípios da definição à aplicação dos princípios jurídicos*. 4 ed. rev. São Paulo: Malheiros, 2004.

——. A distinção entre princípios e regras e a redefinição do dever de proporcionalidade, *Revista de Direito Administrativo*, Rio de Janeiro, n. 215, p. 151-179, jan.- mar., 1999.

AZEVEDO, Plauto Faraco de. Juiz e direito rumo a uma hermenêutica material, *Ajuris*, Porto Alegre, v.15, n. 43, p. 30-45, jul. 1988.

BARCELLOS, Ana Paula de. *A eficácia jurídica dos princípios constitucionais: o princípio da dignidade da pessoa humana*. Rio de Janeiro: Renovar, 2002.

BOBBIO, Norberto. *A Era dos Direitos*. 16. ed. Rio de Janeiro: Campus, 1992.

——. *Igualdad y Libertad*. Barcelona: Paidós, 1993.

BONAVIDES, Paulo. *Curso de direito constitucional*. 16 ed. atual. São Paulo: Malheiros, 2005.

BORGES, José Souto Maior. Significação do princípio da isonomia na Constituição de 1988, *Revista da Esmafe*, Pernambuco, v. 2, n. 3, p. 311-324, jan-mar. 1997.

BRAGA, Renato Rocha. *A coisa julgada nas demandas coletivas*. Rio de Janeiro: Lumen Juris, 2000.

BRASIL. Superior Tribunal Federal. Disponível em: <http://www.stf.gov.br/portal/jurisprudencia/listarJurisprudencia.asp?s1="sumula%20400"%20NAO%20S.PRES.&base=baseMonocraticas>. Acesso em: 12 out. 2007.

BRASIL. Tribunal Regional Federal 4ª Região. Disponível em: <www.trf4.gov.br>. Acesso em: 2 out. 2007.

CAMPOS, Francisco. *Direito Constitucional*. Vol. 2. Rio de Janeiro: Freitas Bastos, 1956.

CANOTILHO, José Joaquim Gomes. *Direito Constitucional e Teoria da Constituição*. 7. ed. Coimbra: Almedina, 2003.

CAPPELLETTI, Mauro. Formazioni sociali e interessi di gruppo davanti allá giustizia civile, *Rivista di Diritto Processuale*, Padova, n. 30, parte II, p. 361- 402, 1975.

CHIOVENDA, Giuseppe. *Instituições de direito processual civil*. São Paulo: Saraiva, 1969. v. 1.

COMPARATO, Fábio Konder. Igualdade, Desigualdades. *Revista Trimestral de Direito Público*, São Paulo, n.1, p. 69-78, 1993.

———. Precisões sobre os conceitos de lei e de igualdade jurídica. *Revista dos Tribunais*, São Paulo, ano 87, v. 750, p. 11-19, abr. 1998.

CRUZ E TUCCI, José Rogério. Limites subjetivos da eficácia da sentença e da coisa julgada nas ações coletivas. *Revista de Processo*, São Paulo, ano 32, n. 143, p. 42-64, jan. 2007.

DINAMARCO, Cândido Rangel. *Instituições de direito processual civil*. 4 ed. rev. atual. e com remissões ao Código Civil de 2002. São Paulo: Malheiros, 2004. v. 3.

DIDIER JÚNIOR, Fredie; JÚNIOR ZANETI, Hermes. *Curso de direito processual civil: processo coletivo*. Salvador: Podivm, 2007. V. 4.

DI PIETRO, Maria Sylvia Zanella. *Direito Administrativo*. 19 ed. São Paulo: Atlas, 2006.

DWORKIN, Ronald. *Levando os direitos a sério*. São Paulo: Martins Fontes, 2002.

ECO, Umberto. *Interpretação e superinterpretação*. São Paulo: Martins Fontes, 2001.

EISENMANN, Charles. O direito administrativo e o princípio da legalidade. *Revista de Direito Administrativo*, Rio de Janeiro, v. 56, p. 47-70, abr.- jun., 1959.

FAGUNDES, Miguel Seabra. O princípio constitucional da igualdade perante a lei e o Poder Legislativo. *Revista dos Tribunais*, São Paulo, ano 44, v. 235, p. 3-15. maio, 1955.

FERREIRA FILHO, Manoel Gonçalves. *Curso de direito constitucional*. 31 ed., rev. e ampl. São Paulo: Saraiva, 2005.

FREITAS, Juarez. *A interpretação sistemática do direito*. 4 ed. rev e ampl. São Paulo: Malheiros, 2004.

———. Carreiras de Estado e Regime Institucional. *Revista Latino-Americana de Estudos Constitucionais*, São Paulo, n. 4, p. 47-74, jul.-dez. 2004.

———. *O controle dos atos administrativos e os princípios fundamentais*. 3 ed. rev. e ampl. São Paulo: Malheiros, 2004.

———. A melhor interpretação constitucional "versus" a única resposta correta. In: SILVA, Virgílio Afonso da (Org.). *Interpretação Constitucional*. São Paulo: Malheiros, 2005, p. 317 – 388.

GASPARINI, Diógenes. *Direito Administrativo*. 11 ed. rev. e atual. São Paulo: Saraiva, 2006.

GIDI, Antonio. *Coisa julgada e litispendência em ações coletivas*. São Paulo: Saraiva, 1995.

GRAU, Eros Roberto. *A ordem econômica na Constituição de 1988 (Interpretação e crítica)*. 7 ed. rev. e atual. São Paulo: Malheiros, 2002.

GRINOVER, Ada Pellegrini. Eficácia e autoridade da sentença penal. *Revista de Processo*, São Paulo, ano 7, n. 28, p. 34-54, out.-dez., 1982.

─────── et al. *Código Brasileiro de Defesa do Consumidor*: comentado pelos autores do anteprojeto. 8 ed. rev, ampl. atual. conforme o novo Código Civil. Rio de Janeiro: Forense Universitária, 2004.

───────. Direito Processual Coletivo. In: GRINOVER, Ada Pellegrini; MENDES, Aluisio Gonçalves de Castro; WATANABE, Kazuo. (Coord.) *Direito Processual Coletivo e o anteprojeto de Código Brasileiro de Processos Coletivos*. São Paulo: Revista dos Tribunais, 2007, p. 11-15.

GUASTINI, Riccardo. *Il giudice e la legge: lezione di diritto constituzionale*. Torino: G. Giappichelli Editore, 1995.

GUERRA FILHO, Willis. Santiago Sobre princípios constitucionais gerais: isonomia e proporcionalidade, *Revista dos Tribunais*, São Paulo, ano 84, v. 719, p. 57-63, set., 1995.

HELVESLEY, José. Isonomia constitucional. Igualdade formal *versus* igualdade material. *Escola de Magistratura Federal da 5 Região*, Recife, n. 7, p. 143-164, 2004.

HERKENHOFF, João Baptista. *Como aplicar o direito*. 10 ed. rev., ampl. e atual. de acordo com a Constituição de 1988 e leis posteriores. Rio de Janeiro: Forense, 2005.

HERTEL, Daniel Roberto. Reflexos do princípio da isonomia no direito processual. *Revista de Direito Constitucional e Internacional*, ano 14, n. 55, p. 198-211, abril-jun. 2006.

HESSE, Konrad. *A força normativa da Constituição*. Porto Alegre: Sergio Antonio Fabris Editor, 1991.

INSTITUTO BRASILEIRO DE DIREITO PROCESSUAL. *Anteprojeto do Código Brasileiro de Processos Coletivos*. 2007. Disponível em: <http://www.direitoprocessual.org.br/site/index.php?m=enciclopedia&categ=16&t=QW50ZXByb2pldG9zIG RvIElCRFAgLSBBbnRlcHJvamV0b3M=>. Acesso em: 7 nov. 2007.

JUSTEN FILHO, Marçal. *Curso de direito administrativo*. São Paulo: Saraiva, 2005.

LEAL, Márcio Flávio Mafra. *Ações coletivas; história, teoria e prática*. Porto Alegre: Sergio Fabris, 1998.

LEONEL, Ricardo de Barros. *Manual do processo coletivo*. São Paulo: Revista dos Tribunais, 2002.

LIEBMAN, Enrico Tullio. *Eficácia e Autoridade da sentença: e outros escritos sobre a coisa julgada (com aditamentos relativo ao direito brasileiro)*. Traduzido por Alfredo Buzaid e Benvindo Aires. Rio de Janeiro: Forense, 1945.

LIMA, Paulo Roberto de Oliveira. *Contribuição à teoria da coisa julgada*. São Paulo: Revista dos Tribunais, 1997.

MARTINS DOS ANJOS, Luís Henrique. Elementos para uma Nova Categorização dos Agentes Públicos Brasileiros em Face do Estado de Direito Democrático. In: OSÓRIO, Fábio Medina; SOUTO, Marcos Juruena Villela (Coord.). *Direito Administrativo*: estudos em homenagem a Diogo de Figueiredo Moreira Neto. Rio de Janeiro: Lumen Juris, 2006, p. 657-670.

MAXIMILIANO, Carlos. *Hermenêutica e Aplicação do Direito*. 17 ed. Rio de Janeiro: Forense, 1998.

MAZZILLI, Hugo Nigro. *A Defesa dos Interesses Difusos em Juízo: meio ambiente, consumidor, patrimônio cultural, patrimônio público e outros interesses.* 16 ed. rev., ampl. e atual. São Paulo: Saraiva, 2003.

MEIRELLES, Hely Lopes. *Direito Administrativo Brasileiro.* 25 ed. São Paulo: Malheiros, 2000.

MELLO, Celso Antonio Bandeira de. *Apontamentos sobre os agentes e órgãos públicos.* São Paulo: Revista dos Tribunais, 1972.

─────. *O conteúdo jurídico do princípio da igualdade.* 3 ed. atual. São Paulo: Malheiros, 2006.

─────. *Curso de direito administrativo.* 20 ed. rev. e atual. até a Emenda Constitucional 48, de 10.8.2005. São Paulo: Malheiros, 2006.

MENDES, Aluisio Gonçalves de Castro. O Anteprojeto de Código Brasileiro de Processos Coletivos: visão geral e pontos sensíveis. In: GRINOVER, Ada Pellegrini; MENDES, Aluisio Gonçalves de Castro; WATANABE, Kazuo. (Coord.) *Direito Processual Coletivo e o anteprojeto de Código Brasileiro de Processos Coletivos.* São Paulo: Revista dos Tribunais, 2007, p. 16-32.

MESQUITA, José Ignácio Botelho de. A coisa julgada no Código do Consumidor. *Revista Forense,* Rio de Janeiro, v. 326, ano 90, p. 79-84, abr.-maio-jun. 1994.

MIRANDA, Pontes de. *Comentários à Constituição de 1946.* 3 ed. (rev. e aumentada) Rio de Janeiro: Editor Borsoi, 1960. Tomo IV.

MOREIRA, João Batista Gomes. A nova concepção do princípio da legalidade no controle da Administração Pública. *Interesse Público,* Porto Alegre, n. 21, p. 81-89, set-out. 2003.

─────. A ação Popular no direito brasileiro como instrumento de tutela jurisdicional dos chamados "interesses difusos". *Temas de Direito Processual Civil.* São Paulo: Saraiva, 1977.

─────. Ações Coletivas na Constituição Federal de 1988. *Revista de Processo,* São Paulo, v. 16, n. 61, p. 187-200, jan-mar. 1991.

─────. Eficácia da sentença e autoridade da coisa julgada, *Revista Ajuris,* Porto Alegre, ano X, p. 15-31, jul. 1983.

MOREIRA NETO, Diogo de Figueiredo. *Curso de Direito Administrativo*: parte introdutória, parte geral e parte especial. Rio de Janeiro: Forense, 2005.

NEVES, Celso. *Contribuição ao estudo da coisa julgada civil.* São Paulo: [s. n.], 1970.

NOWILL, Hubert Vernon L. Recurso Extraordinário – prequestionamento (Súmulas ns. 282 e 356 do STF – interpretação razoável da lei (Súmula n. 400). *Revista dos Tribunais,* São Paulo, v. 480, ano 64, p. 245-250, out. 1975.

PASQUALINI, Alexandre. Hermenêutica e Sistema jurídico: uma introdução à interpretação sistemática do direito. Porto Alegre: Livraria do Advogado, 1999, p.17.

PORTO, Sérgio Gilberto. *Ação Rescisória atípica: instrumento de defesa da ordem jurídica, possibilidade jurídica e alcance.* Tese de Doutorado, 2007.

─────. *Coisa julgada civil.* 3 ed. rev., atual. e ampl. São Paulo: Revista dos Tribunais, 2006.

─────. Da tutela coletiva e do CPC (indagações e adaptações), *Revista da Ajuris,* Porto Alegre, n. 57, ano XX, p. 136-148, mar. 1993.

─────; USTÁRROZ, Daniel. *Manual dos Recursos Cíveis: atualizado com a EC 45 e as Leis 11.341/06, 11.280/06, 11.277/06, 11.276/06, 11. 232/06, 11.187/05.* Porto Alegre: Livraria do Advogado, 2007.

RIO GRANDE DO SUL. Tribunal de Justiça. Disponível em: <www.tj.rs.gov.br>. Acesso em: 2 out. 2007.

ROCHA, Carmem Lúcia Antunes. *Princípios constitucionais dos servidores públicos* São Paulo: Saraiva, 1999.

SANTOS, Moacyr Amaral. *Primeiras linhas de direito processual civil*. 21 ed. atual. São Paulo: Saraiva, 2003.

SARLET, Ingo Wolfang. *A eficácia dos direitos fundamentais*. 7. ed. rev. atual. e ampl. Porto Alegre: Livraria do Advogado, 2007.

———.. Constituição e proporcionalidade: o direito penal e os direitos fundamentais entre proibição de excesso e de insuficiência. *Revista Brasileira de Ciências Criminais*, São Paulo, n. 47, ano 12, p. 60-122, mar.-abr., 2004.

SEINMETZ, Wilson Antônio. *Colisão de direitos fundamentais e o princípio da proporcionalidade*. Porto Alegre: Livraria do Advogado, 2001.

SICHES, Luis Recaséns. *Nueva filosofia de la interpretación del Derecho*. México: Fondo de Cultura Económica, 1956.

SILVA, Luís Virgílio Afonso da. O proporcional e o razoável. *Revista dos Tribunais*, São Paulo, ano. 91, v. 798, p. 23-47, abr., 2002.

SILVA, Ovídio A. Baptista da. *Sentença e coisa julgada: ensaios e pareceres*. 4 ed. rev. e ampl. Rio de Janeiro: Forense, 2003.

SILVA, Sandra Lengruber da. *Elementos das ações coletivas*. São Paulo: Método, 2004.

SILVEIRA, Alípio. A valorização político-social na hermenêutica contemporânea, *Revista dos Tribunais*, São Paulo, v. 57, n. 1, p. 170-183, jan.-fev. 1958.

STRECK, Lenio Luiz. Hermenêutica (jurídica): compreendemos porque interpretamos ou interpretamos porque compreendemos? Uma resposta a partir do *Ontological Turn*. Anuário do Programa de Pós-Graduação em Direito, São Leopoldo, p. 223-271, 2003.

THEODORO JÚNIOR, Humberto; FARIA, Juliana Cordeiro de. A coisa julgada inconstitucional e os instrumentos processuais para seu controle. *Revista Síntese de Direito Civil e Processual Civil*, Porto Alegre, n. 19, p. 32-52, set-out, 2002.

TESHEINER, José Maria Rosa. *Eficácia da sentença e coisa julgada no processo civil*. São Paulo: Revista dos Tribunais, 2002.

WAMBIER, Teresa Arruda Alvim. *Controle das decisões judiciais por meio de recursos de estrito direito e de ação rescisória*: recurso especial, recurso extraordinário e ação rescisória: o que é uma decisão contrária à lei? São Paulo: Revista dos Tribunais, 2001.

———. Os princípios constitucionais da legalidade e da isonomia, como inspiradores da compreensão de algumas recentes alterações do direito positivo: Constituição Federal e CPC, *Revista do Advogado*, São Paulo, ano XXVI, n. 88, v. 26, p. 187-192, nov. 2006.

WATANABE, Kazuo. Demandas coletivas e os problemas emergentes da práxis forense, *Revista de Processo*, São Paulo, ano 17, v. 67, p. 15-25, jul-set. 1992.

———. Relação entre demanda coletiva e demandas individuais. In: (Coord.) GRINOVER, Ada Pellegrini; MENDES, Aluisio Gonçalves de Castro; WATANABE, Kazuo. *Direito Processual Coletivo e o anteprojeto de Código Brasileiro de Processos Coletivos*, São Paulo: Revista dos Tribunais, 2007.

ZAVASCKI, Teori Albino. *Processo coletivo: tutela de direitos coletivas e tutela coletiva de direitos*. São Paulo: Revista dos Tribunais, 2006.

Impressão:
Evangraf
Rua Waldomiro Schapke, 77 - P. Alegre, RS
Fone: (51) 3336.2466 - Fax: (51) 3336.0422
E-mail: evangraf.adm@terra.com.br